Full Woman,
Fleshly Apple,
Hot Moon

By Stephen Mitchell

POETRY
Parables and Portraits

PROSE
The Gospel According to Jesus

TRANSLATIONS AND ADAPTATIONS
Full Woman, Fleshly Apple, Hot Moon: Selected Poems of Pablo Neruda
Genesis: A New Translation of the Classic Biblical Stories
Ahead of All Parting: The Selected Poetry and Prose of Rainer Maria Rilke
A Book of Psalms
The Selected Poetry of Dan Pagis
Tao Te Ching
The Book of Job
The Selected Poetry of Yehuda Amichai *(with Chana Bloch)*
The Sonnets to Orpheus
The Lay of the Love and Death of Cornet Chrisoph Rilke
Letters to a Young Poet
The Notebooks of Malte Laurids Brigge
The Selected Poetry of Rainer Maria Rilke

EDITED BY STEPHEN MITCHELL
Bestiary: An Anthology of Poems about Animals
Song of Myself
Into the Garden: A Wedding Anthology *(with Robert Hass)*
The Enlightened Mind: An Anthology of Sacred Prose
The Enlightened Heart: An Anthology of Sacred Poetry
Dropping Ashes on the Buddha: The Teaching of Zen Master Seung Sahn

FOR CHILDREN
The Creation *(with paintings by Ori Sherman)*

BOOKS ON TAPE
Duino Elegies and The Sonnets to Orpheus
Genesis
The Gospel According to Jesus
The Enlightened Mind
The Enlightened Heart
Letters to a Young Poet
Parables and Portraits
Tao Te Ching
The Book of Job
Selected Poems of Rainer Maria Rilke

Full Woman, Fleshly Apple, Hot Moon

Selected Poems of Pablo Neruda

Translated by Stephen Mitchell

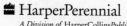 HarperPerennial
A Division of HarperCollins Publishers

Selections from *Canto general, Odas elementales, Nuevas odas elementales, Tercer libro de odas, Estravagario, Navegaciones y regresos, Cien sonetos de amor,* and *Plenos poderes* © Fundación Pablo Neruda. Grateful acknowledgment is made to Fundación Pablo Neruda for permission to translate these poems. Thanks are also due to the University of California Press for permission to translate "Algunas bestias" and to Farrar, Straus & Giroux, Inc., for permission to translate poems from *Estravagario* and *Plenos poderes*.

A hardcover edition of this book was published in 1997 by HarperCollins Publishers. A HarperFlamingo edition was published in 1998.

HarperCollins books may be purchased for educational, business, or sales promotional use. For information please write: Special Markets Department, HarperCollins Publishers, Inc., 10 East 53rd Street, New York, NY 10022.

First HarperPerennial edition published 1998.

Designed and typeset by David Bullen

The Library of Congress has catalogued the hardcover edition as follows:

Neruda, Pablo, 1904–1973.
    [Selections. English & Spanish]
    Full woman, fleshly apple, hot moon : selected poems of Pablo Neruda / translated by Stephen Mitchell.
       p.   cm.
    Includes foreword.
    ISBN 0-06-018285-7
    1. Neruda, Pablo, 1904–1973 — Translations into English.
I. Mitchell, Stephen, 1943– . II. Title.
PQ8097.N4A255   1997
861—dc21   96-51664

ISBN 0-06-092877-8 (pbk.)
98 99 00 01 02 ❖/RRD 10 9 8 7 6

To Robert Hass

Contents

Foreword

Pablo Neruda's poetry is vast in many ways. There are several thousand pages of it, to begin with, very uneven in quality but stunning in its sheer profusion. Neruda couldn't help writing poems, he wrote as naturally as he breathed, wrote with the unthinking, exuberant abundance of Nature herself. He makes most other great modern poets seem pinched, restrained, perfectionistic. Compared with him, even Whitman had writer's block.

Making a selection from this abundance was like standing in some treasure cave from *The Thousand and One Nights:* coffers and urns overbrimming with jewels lay all around me, but my companion genie said I was only allowed to fill my own pockets. So I made no effort to be representative, to take an equal number of diamonds, pearls, emeralds, sapphires, rings, massive necklaces, filagree bracelets, pre-Columbian animal figurines of pure gold, platinum large-breasted goddesses with ruby nipples. I just took what I loved most. When my pockets were full, I left.

I had to leave behind many of Neruda's greatest poems, because they weren't my favorites: the passionate youthful hymns to sex of *Twenty Poems of Love,* the dark, lonely, outraged, restless brilliance of *Residence on Earth,* the encyclopedic hymn to the Americas that is *Canto General,* with its masterpiece "The Heights of Macchu Picchu." As great as some of these poems obviously are, I am not often drawn to reread them.

The poetry of Neruda's that I love best, that I do reread with an always-renewed pleasure, is the poetry of his ripeness, beginning with the first book of *Elemental*

Odes, published when he was fifty years old, and end-
ing with *Full Powers,* published when he was fifty-eight,
eleven years before his death. These are the poems of
a happy man, deeply fulfilled in his sexuality, at home
in the world, in love with life and its infinite particular
forms, overflowing with the joy of language. They are
largehearted, generous poems, resonant with a humor
that is rare in modern poetry, in *any* poetry. The some-
times showy surrealism of the earlier poems has mel-
lowed into a constant, delicious skating on the edge of
nonsense.

If "love calls us to the things of this world," in Richard
Wilbur's memorable phrase, Neruda is one of the most
loving poets who has ever written. We may be put off by
the doctrinaire and self-dramatizing comradeliness of
the more political poems, but there is a deeper sense of
genuine communion that speaks through all his mature
work. His sources of inspiration are unlimited. He turns
his attention to an elephant or a pair of socks or time or
an artichoke or an atom or a star or a bar of soap, and
immediately it comes to life, it becomes the center of
the universe, linked in an often astonishing series of
metaphors to anything and everything else in the inter-
connected web of beings. The connections are so cease-
less, so surprising, that we may find ourselves racing to
keep up with the fecundity of his imagination, gasping
for breath at the brilliance and rightness of it all.

I enter these poems with delight and leave them with
exhilaration, grateful for the vividness with which they
let me see the world through the eyes of a fabulously
intelligent child. "Behold, I make all things new." Neruda
would have hated to have me quote Revelation about
him. But the spirit of poetry, whether or not we call it
holy, *does* make all things new. And Neruda, who gathers

so many of the things of this world into his large embrace, brings us closer to the loving, humorous, compassionate source of all these things, since, with all his impassioned love for language, he is a poet who can say:

> I utter and I am
> and across the boundary of words,
> without speaking, I approach silence.

Full Woman, Fleshly Apple, Hot Moon

from Canto General

Algunas bestias

Era el crepúsculo de la iguana.

Desde la arcoirisada crestería
su lengua como un dardo
se hundía en la verdura,
el hormiguero monacal pisaba
con melodioso pie la selva,
el guanaco fino como el oxígeno
en las anchas alturas pardas
iba calzando botas de oro,
mientras la llama abría cándidos
ojos en la delicadeza
del mundo lleno de rocío.
Los monos trenzaban un hilo
interminablemente erótico
en las riberas de la aurora,
derribando muros de polen
y espantando el vuelo violeta
de las mariposas de Muzo.
Era la noche de los caimanes,
la noche pura y pululante
de hocicos saliendo del légamo,
y de las ciénagas soñolientas
un ruido opaco de armaduras
volvía al origen terrestre.

El jaguar tocaba las hojas
con su ausencia fosforescente,
el puma corre en el ramaje
como el fuego devorador
mientras arden en él los ojos
alcohólicos de la selva.

Some Beasts

It was the twilight of the iguana.

From the rainbow-arched battlements
his tongue like a dart
plunged into the greenness,
the monastic ant-swarm walked
through the jungle with melodious feet,
the guanaco, thin as oxygen
in the wide gray heights,
moved wearing boots of gold,
while the llama opened his guileless
eyes in the transparency
of a world filled with dew.
The monkeys braided a thread
endlessly erotic
along the shores of the dawn,
demolishing walls of pollen
and scaring off the violet flight
of the butterflies of Muzo.
It was the night of the alligators,
the night pure and pullulating
with snouts emerging from the slime,
and out of the sleepy marshes
an opaque noise of armor
returned to the earth it came from.

The jaguar touched the leaves
with his phosphorescent absence,
the puma runs on the branches
like a devouring fire
while inside him burn
the jungle's alcoholic eyes.

Los tejones rascan los pies
del río, husmean el nido
cuya delicia palpitante
atacarán con dientes rojos.

Y en el fondo del agua magna,
como el círculo de la tierra,
está la gigante anaconda
cubierta de barros rituales,
devoradora y religiosa.

The badgers scratch the feet
of the river, sniff out the nest
whose throbbing delight
they'll attack with red teeth.

And in the depths of the all-powerful water,
like the circle of the earth,
lies the giant anaconda,
covered with ritual mud,
devouring and religious.

from Elemental Odes

Oda a la alcachofa

La alcachofa
de tierno corazón
se vistió de guerrero,
erecta, construyó
una pequeña cúpula,
se mantuvo
impermeable
bajo
sus escamas,
a su lado,
los vegetales locos
se encresparon,
se hicieron
zarcillos, espadañas,
bulbos conmovedores,
en el subsuelo
durmió la zanahoria
de bigotes rojos,
la viña
resecó los sarmientos
por donde sube el vino,
la col
se dedicó
a probarse faldas,
el orégano
a perfumar el mundo,
y la dulce
alcachofa
allí en el huerto,
vestida de guerrero,
bruñida
como una granada,

Ode to the Artichoke

The tender-hearted
artichoke
got dressed as a warrior,
erect, built
a little cupola,
stood
impermeable
under
its scales,
around it
the crazy vegetables
bristled,
grew
astonishing tendrils,
cattails, bulbs,
in the subsoil
slept the carrot
with its red whiskers,
the grapevine
dried the runners
through which it carries the wine,
the cabbage
devoted itself
to trying on skirts,
oregano
to perfuming the world,
and the gentle
artichoke
stood there in the garden,
dressed as a warrior,
burnished
like a pomegranate,

orgullosa,
y un día
una con otra
en grandes cestos
de mimbre, caminó
por el mercado
a realizar su sueño:
la milicia.
En hileras
nunca fue tan marcial
como en la feria,
los hombres
entre las legumbres
con sus camisas blancas
eran
mariscales
de las alcachofas,
las filas apretadas,
las voces de comando,
y la detonación
de una caja que cae,
pero
entonces
viene
María
con su cesto,
escoge
una alcachofa,
no le teme,
la examina, la observa
contra la luz como si fuera un huevo,
la compra,
la confunde
en su bolsa

proud,
and one day
along with the others
in large willow
baskets, it traveled
to the market
to realize its dream:
the army.
Amid the rows
never was it so military
as at the fair,
men
among the vegetables
with their white shirts
were
marshals
of the artichokes,
the tight ranks,
the voices of command,
and the detonation
of a falling crate,
but
then
comes
Maria
with her basket,
picks
an artichoke,
isn't afraid of it,
examines it, holds it
to the light as if it were an egg,
buys it,
mixes it up
in her bag

con un par de zapatos,
con un repollo y una
botella
de vinagre
hasta
que entrando a la cocina
la sumerge en la olla.
Así termina
en paz
esta carrera
del vegetal armado
que se llama alcachofa,
luego
escama por escama
desvestimos
la delicia
y comemos
la pacífica pasta
de su corazón verde.

with a pair of shoes,
with a head of cabbage and a
bottle
of vinegar
until
entering the kitchen
she submerges it in a pot.
Thus ends
in peace
the career
of the armored vegetable
which is called artichoke,
then
scale by scale
we undress
its delight
and we eat
the peaceful flesh
of its green heart.

Oda a mirar pájaros

Ahora
a buscar pájaros!
Las altas ramas férreas
en el bosque,
la espesa
fecundidad del suelo,
está mojado
el mundo,
brilla
lluvia o rocío, un astro
diminuto
en las hojas:
fresca
es la matutina
tierra madre,
el aire
es como un río
que sacude
el silencio,
huele a romero,
a espacio
y a raíces.
Arriba
un canto loco,
una cascada,
es un pájaro.
Cómo
de su garganta
más pequeña que un dedo
pueden caer las aguas
de su canto?

Ode to Bird-Watching

Now
to look for birds!
The high iron branches
in the forest,
the dense
fecundity of the soil,
the whole world
is wet,
rain or dew
shines, a tiny
star
in the leaves:
in the early morning
mother earth is
cool,
the air
is like a river
that shakes
the silence,
it smells of rosemary,
of space
and roots.
Above,
a wild song,
a waterfall,
it's a bird.
How
from a throat
smaller than a finger
can the waters
of this song fall?

Facultad luminosa!
Poderío
invisible,
torrente
de la música
en las hojas,
conversación sagrada!

Limpio, lavado, fresco
es este día,
sonoro
como cítara verde,
yo entierro
los zapatos
en el lodo,
salto los manantiales,
una espina
me muerde y una ráfaga
de aire como una ola
cristalina
se divide en mi pecho.
Dónde
están los pájaros?
Fue tal vez
ese
susurro en el follaje
o esa huidiza bola
de pardo terciopelo
o ese desplazamiento
de perfume? Esa hoja
que desprendió el canelo
fue un pájaro? Ese polvo
de magnolia irritada
o esa fruta

Luminous grace!
Invisible
power,
torrent
of music
in the leaves,
sacred conversation!

Clean, washed, cool
is this day,
resonant
like a green zither,
I bury
my shoes
in the mud,
I leap over springs,
a thorn
nips me and a gust
of air like a crystal
wave
separates on my chest.
Where
are the birds?
Was that one, maybe,
that
whispering in the foliage
or that fugitive ball
of gray velvet
or that sudden shift
of perfume? That leaf
which the cinnamon tree let go,
was it a bird? That dust
from the irritated magnolia
or that fruit

que cayó resonando,
eso fue un vuelo?
Oh pequeños cretinos
invisibles,
pájaros del demonio,
váyanse
al diablo
con su sonajera,
con sus plumas inútiles!
Yo que sólo quería
acariciarlos,
verlos resplandeciendo,
no quiero
en la vitrina
ver los relámpagos embalsamados,
quiero verlos vivientes,
quiero tocar sus guantes
de legítimo cuero,
que nunca olvidan en las ramas,
y conversar con ellos
en los hombros
aunque me dejen como a ciertas estatuas
inmerecidamente blanqueado.

Imposible.
No se tocan,
se oyen
como un celeste
susurro o movimiento,
conversan
con precisión,
repiten
sus observaciones,
se jactan

which fell resounding,
was that a flight?
O invisible little cretins,
fiendish birds,
go
to hell
with your twittering,
with your useless feathers!
I just wanted
to stroke them,
to see them glisten,
I don't want
to see their lightning embalmed
in a showcase,
I want to see them alive,
I want to touch their gloves
of genuine leather,
which they never forget in the branches,
and to talk with them
on my shoulders
even if they leave me like certain statues
undeservedly whitened.

Impossible.
They can't be touched,
they can be heard
like a heavenly
whisper or movement,
they talk
precisely,
repeat
their observations,
brag

de cuanto hacen,
comentan
cuanto existe,
dominan
ciertas ciencias
como la hidrografía
y a ciencia cierta saben
dónde están cosechando
cereales.

Ahora bien,
pájaros
invisibles
de la selva, del bosque,
de la enramada pura,
pájaros de la acacia
y de la encina,
pájaros
locos, enamorados,
sorpresivos,
cantantes
vanidosos,
músicos migratorios,
una palabra
última
antes
de volver
con zapatos mojados, espinas
y hojas secas
a mi casa:
vagabundos,
os amo
libres,
lejos de la escopeta y de la jaula,

about whatever they're doing,
comment
on whatever exists,
master
certain sciences
like hydrography
and know for certain
where all the grains
are being harvested.

Well then,
invisible
birds
of the forest, of the woods,
of the pure bower,
birds of the acacia
and of the oak,
crazy, amorous,
astonishing birds,
conceited
soloists,
migratory musicians,
one last
word
before
I go back
with wet shoes, thorns
and dry leaves
to my home:
vagabonds,
I love you
free,
far from the shotgun and the cage,

corolas
fugitivas,
así
os amo,
inasibles,
solidaria y sonora
sociedad de la altura,
hojas
en libertad,
campeones
del aire,
pétalos
del humo,
libres,
alegres
voladores y cantores,
aéreos y terrestres,
navegantes del viento,
felices
constructores
de suavísimos nidos,
incesantes
mensajeros del polen,
casamenteros
de la flor, tíos
de la semilla,
os amo,
ingratos:
vuelvo
feliz de haber vivido con vosotros
un minuto
en el viento.

fugitive
corollas,
this is the way
I love you,
ungraspable,
united and sonorous
society of the heights,
liberated
leaves,
champions
of the air,
petals
of smoke,
free,
cheerful
flyers and singers,
aerial, terrestrial,
sailors of the wind,
happy
builders
of the softest nests,
unceasing
messengers of pollen,
matchmakers
of the flower, uncles
of the seed,
I love you,
ingrates:
I'm going home,
happy to have lived with you
a moment
in the wind.

Oda al libro (I)

Libro, cuando te cierro
abro la vida.
Escucho
entrecortados gritos
en los puertos.
Los lingotes del cobre
cruzan los arenales,
bajan a Tocopilla.
Es de noche.
Entre las islas
nuestro océano
palpita con sus peces.
Toca los pies, los muslos,
las costillas calcáreas
de mi patria.
Toda la noche pega en sus orillas
y con la luz del día
amanece cantando
como si despertara una guitarra.

A mí me llama el golpe
del océano. A mí
me llama el viento,
y Rodríguez me llama,
José Antonio,
recibí un telegrama
del sindicato "Mina"
y ella, la que yo amo
(no les diré su nombre),
me espera en Bucalemu.

Libro, tú no has podido
empapelarme,

Ode to the Book (I)

Book, when I close you
I open life.
I hear
half-severed shouts
in the harbors.
Copper ingots
cross the sandpits,
go down to Tocopilla.
It's nighttime.
Among the islands
our ocean
throbs with its fish.
It touches the feet, the thighs,
the chalky ribs
of my country.
The whole night sticks to its shores
and with the daylight
it appears singing
as if it had wakened a guitar.

The beat of the ocean calls me
to myself. The wind
calls me to myself,
and Rodríguez calls me,
José Antonio,
I received a telegram
from the Miners' Union,
and she, the woman I love
(I won't tell you her name),
is waiting for me in Bucalemu.

Book, you were never able
to put me onto paper,

no me llenaste
de tipografía,
de impresiones celestes,
no pudiste
encuadernar mis ojos,
salgo de ti a poblar las arboledas
con la ronca familia de mi canto,
a trabajar metales encendidos
o a comer carne asada
junto al fuego en los montes.
Amo los libros
exploradores,
libros con bosque o nieve,
profundidad o cielo,
pero
odio
el libro araña
en donde el pensamiento
fue disponiendo alambre venenoso
para que allí se enrede
la juvenil y circundante mosca.
Libro, déjame libre.
Yo no quiero ir vestido
de volumen,
yo no vengo de un tomo,
mis poemas
no han comido poemas,
devoran
apasionados acontecimientos,
se nutren de intemperie,
extraen alimento
de la tierra y los hombres.
Libro, déjame andar por los caminos
con polvo en los zapatos

to fill me
with typography,
with heavenly printing,
you were never able
to bind my eyes,
I come out of you to populate groves
with the hoarse family of my song,
to work burning metals
or to eat roasted meat
near a campfire in the mountains.
I love books
of exploration,
books with forest or snow,
depth or sky,
but
I hate
the spider book
in which thought
has laid out
venomous wires to entangle
the juvenile and circling fly.
Book, let me go.
I don't want to walk dressed
in a volume,
I don't come from a tome,
my poems
haven't eaten poems,
they devour
passionate events,
they are nourished on the outdoors,
they extract food
from the earth and from men.
Book, let me walk on the roads
with dust in my shoes

y sin mitología:
vuelve a tu biblioteca,
yo me voy por las calles.

He aprendido la vida
de la vida,
el amor lo aprendí de un solo beso,
y no pude enseñar a nadie nada
sino lo que he vivido,
cuanto tuve en común con otros hombres,
cuanto luché con ellos:
cuanto expresé de todos en mi canto.

and without mythology:
return to your library,
I'm going out into the streets.

I have learned about life
from life,
love I learned from a single kiss,
and I couldn't teach anyone anything
except what I have lived,
whatever I had in common with other men,
whatever I struggled for with them:
whatever I expressed of them all in my song.

Oda al libro (II)

Libro
hermoso,
libro,
mínimo bosque,
hoja
tras hoja,
huele
tu papel
a elemento,
eres
matutino y nocturno,
cereal,
oceánico,
en tus antiguas páginas
cazadores de osos,
fogatas
cerca del Mississippi,
canoas
en las islas,
más tarde
caminos
y caminos,
revelaciones,
pueblos
insurgentes,
Rimbaud como un herido
pez sangriento
palpitando en el lodo,
y la hermosura
de la fraternidad,
piedra por piedra
sube el castillo humano,

Ode to the Book (II)

Book,
beautiful
book,
minuscule forest,
leaf
after leaf,
your paper
smells
of the elements,
you are
matutinal and nocturnal,
vegetal,
oceanic,
in your ancient pages
bear hunters,
bonfires
near the Mississippi,
canoes
in the islands,
later
roads
and roads,
revelations,
insurgent
races,
Rimbaud like a wounded
fish bleeding
thumping in the mud,
and the beauty
of fellowship,
stone by stone
the human castle rises,

dolores que entretejen
la firmeza,
acciones solidarias,
libro
oculto
de bolsillo
en bolsillo,
lámpara
clandestina,
estrella roja.

Nosotros
los poetas
caminantes
exploramos
el mundo,
en cada puerta
nos recibió la vida,
participamos
en la lucha terrestre.
Cuál fue nuestra victoria?
Un libro,
un libro lleno
de contactos humanos,
de camisas,
un libro
sin soledad, con hombres
y herramientas,
un libro,
es la victoria.
Vive y cae
como todos los frutos,
no sólo tiene luz,
no sólo tiene

sorrows intertwined
with strength,
actions of solidarity,
clandestine
book
from pocket
to pocket,
hidden
lamp,
red star.

We
the wandering
poets
explored
the world,
at every door
life received us,
we took part
in the earthly struggle.
What was our victory?
A book,
a book full
of human touches,
of shirts,
a book
without loneliness, with men
and tools,
a book
is victory.
It lives and falls
like all fruit,
it doesn't just have light,
it doesn't just have

sombra,
se apaga,
se deshoja,
se pierde
entre las calles,
se desploma en la tierra.
Libro de poesía
de mañana,
otra vez
vuelve
a tener nieve y musgo
en tus páginas
para que las pisadas
o los ojos
vayan grabando
huellas:
de nuevo
descríbenos el mundo,
los manantiales
entre la espesura,
las altas arboledas,
los planetas
polares,
y el hombre
en los caminos,
en los nuevos caminos,
avanzando
en la selva,
en el agua,
en el cielo,
en la desnuda soledad marina,
el hombre
descubriendo
los últimos secretos,

shadow,
it fades,
it sheds its leaves,
it gets lost
in the streets,
it tumbles to earth.
Morning-fresh
book of poetry,
again
hold
snow and moss
on your pages
so that footsteps
and eyes
may keep carving
trails:
once more
describe the world to us,
the springs
in the middle of the forest,
the high woodlands,
the polar
planets,
and man
on the roads,
on the new roads,
advancing
in the jungle,
in the water,
in the sky,
in the naked solitude of the sea,
man
discovering
the ultimate secrets,

el hombre
regresando
con un libro,
el cazador de vuelta
con un libro,
el campesino
arando
con un libro.

man
returning
with a book,
the hunter back again
with a book,
the farmer
plowing
with a book.

Oda a una castaña en el suelo

Del follaje erizado
caíste
completa,
de madera pulida,
de lúcida caoba,
lista
como un violín que acaba
de nacer en la altura,
y cae
ofreciendo sus dones encerrados,
su escondida dulzura,
terminado en secreto
entre pájaros y hojas,
escuela de la forma,
linaje de la leña y de la harina,
instrumento ovalado
que guarda en su estructura
delicia intacta y rosa comestible.
En lo alto abandonaste
el erizado erizo
que entreabrió sus espinas
en la luz del castaño,
por esa partidura
viste el mundo,
pájaros
llenos de sílabas,
rocío
con estrellas,
y abajo
cabezas de muchachos
y muchachas,
hierbas que tiemblan sin reposo,

Ode to a Chestnut on the Ground

Out of the bristling foliage
you fell
complete:
polished wood,
glistening mahogany,
perfect
as a violin that has just
been born in the treetops
and falls
offering the gifts locked inside it,
its hidden sweetness,
finished in secret among
birds and leaves,
the school of form,
lineage of firewood and flour,
oval instrument
that holds in its structure
unblemished delight and edible rose.
Up there, you abandoned
the bristling husk
that half-opened its barbs
in the light of the chestnut tree,
through that opening
you saw the world,
birds
filled with syllables,
starry
dew,
and down below
the heads of boys
and girls,
grasses that fluttered restlessly,

humo que sube y sube.
Te decidiste,
castaña,
y saltaste a la tierra,
bruñida y preparada,
endurecida y suave
como un pequeño seno
de las islas de América.
Caíste
golpeando
el suelo
pero
nada pasó,
la hierba
siguió temblando, el viejo
castaño susurró como las bocas
de toda una arboleda,
cayó una hoja del otoño rojo,
firme siguieron trabajando
las horas en la tierra.
Porque eres
sólo
una semilla,
castaño, otoño, tierra,
agua, altura, silencio
prepararon el germen,
la harinosa espesura,
los párpados maternos
que abrirán, enterrados,
de nuevo hacia la altura
la magnitud sencilla
de un follaje,
la oscura trama húmeda
de unas nuevas raíces,

smoke that rises and rises.
You made up your mind,
chestnut,
and you leapt down to earth,
burnished and prepared,
firm and smooth
as a small breast
in the islands of America.
You fell
hitting
the ground
but
nothing happened,
the grass
went on fluttering, the old
chestnut tree whispered like the mouths
of a hundred trees,
one leaf fell from red autumn,
steadily the hours kept on working
upon the earth.
Because you are
just
a seed:
chestnut tree, autumn, earth,
water, heights, silence
prepared the embryo,
the floury thickness,
the maternal eyelids,
which, buried, will open again
toward the heights
the simple magnificence
of foliage,
the dark, damp network
of new roots,

las antiguas y nuevas dimensiones
de otro castaño en la tierra.

the ancient and new dimensions
of another chestnut tree in the earth.

Oda a la pereza

Ayer sentí que la oda
no subía del suelo.
Era hora, debía
por lo menos
mostrar una hoja verde.
Rasqué la tierra: "Sube,
hermana oda
—le dije—
te tengo prometida,
no me tengas miedo,
no voy a triturarte,
oda de cuatro hojas,
oda de cuatro manos,
tomarás té conmigo.
Sube,
te voy a coronar entre las odas,
saldremos juntos por la orilla
del mar, en bicicleta".
Fue inútil.

Entonces,
en lo alto de los pinos,
la pereza
apareció desnuda,
me llevó deslumbrado
y soñoliento,
me descubrió en la arena
pequeños trozos rotos
de substancias oceánicas,
maderas, algas, piedras,
plumas de aves marinas.
Busqué sin encontrar

Ode to Laziness

Yesterday I felt that my ode wouldn't
get up off the ground.
It was time, it should
at least
show a green leaf.
I scratched the earth: "Get up,
sister ode"
—I said to her—
"I promised to produce you,
don't be scared of me,
I'm not going to step on you,
ode with four leaves,
ode for four hands,
you'll have tea with me.
Get up,
I will crown you among the odes,
we'll go out to the seashore
on our bicycles."
Nothing doing.

Then,
high up in the pines,
laziness
appeared naked,
she led me off dazzled
and sleepy,
she showed me on the sand
little broken pieces
of material from the ocean,
wood, seaweed, stones,
feathers of seabirds.
I looked for yellow agates

ágatas amarillas.
El mar
llenaba los espacios
desmoronando torres,
invadiendo
las costas de me patria,
avanzando
sucesivas catástrofes de espuma.
Sola en la arena
abría un rayo
una corola.
Vi cruzar los petreles plateados
y como cruces negras
los cormoranes
clavados en las rocas.
Liberté una abeja
que agonizaba en un velo de araña,
metí una piedrecita
en un bolsillo,
era suave, suavísima
como un pecho de pájaro,
mientras tanto en la costa,
toda la tarde,
lucharon sol y niebla.
A veces
la niebla se impregnaba
de luz
como un topacio,
otras veces caía
un rayo de sol húmedo
dejando caer gotas amarillas.

En la noche,
pensando en los deberes de mi oda

but didn't find any.
The sea
filled all spaces,
crumbling towers,
invading
the coasts of my country,
pushing forward
successive catastrophes of foam.
Alone on the sand
a ray opened
a ring of fire.
I saw the silvered petrels
cruise and like black crosses
the cormorants
nailed to the rocks.
I set free
a bee writhing in a spiderweb,
I put a little stone
in my pocket,
it was smooth, very smooth
like a bird's breast,
meanwhile on the coast,
all afternoon,
sun and fog wrestled.
Sometimes
the fog was pregnant
with light
like a topaz,
at other times a moist
ray of sun fell,
and yellow drops fell after it.

At night,
thinking about the duties of my

fugitiva,
me saqué los zapatos
junto al fuego,
resbaló arena de ellos
y pronto fui quedándome
dormido.

fugitive ode,
I took off my shoes
by the fire,
sand spilled from them
and right away I was falling
asleep.

Oda a la cebolla

Cebolla,
luminosa redoma,
pétalo a pétalo
se formó tu hermosura,
escamas de cristal te acrecentaron
y en el secreto de la tierra oscura
se redondeó tu vientre de rocío.
Bajo la tierra
fue el milagro
y cuando apareció
tu torpe tallo verde,
y nacieron
tus hojas como espadas en el huerto,
la tierra acumuló su poderío
mostrando tu desnuda transparencia,
y como en Afrodita el mar remoto
duplicó la magnolia
levantando sus senos,
la tierra
así te hizo,
cebolla,
clara como un planeta,
y destinada
a relucir,
constelación constante,
redonda rosa de agua,
sobre
la mesa
de las pobres gentes.

Ode to the Onion

Onion,
luminous flask,
your beauty formed
petal by petal,
crystal scales expanded you
and in the secrecy of the dark earth
your belly grew round with dew.
Under the earth
the miracle
happened
and when your clumsy
green stem appeared,
and your leaves were born
like swords
in the garden,
the earth heaped up her power
showing your naked transparency,
and as the remote sea
in lifting the breasts of Aphrodite
duplicated the magnolia,
so did the earth
make you,
onion,
clear as a planet,
and destined
to shine,
constant constellation,
round rose of water,
upon
the table
of the poor.

Generosa
deshaces
tu globo de frescura
en la consumación
ferviente de la olla,
y el jirón de cristal
al calor encendido del aceite
se transforma en rizada pluma de oro.

También recordaré cómo fecunda
tu influencia el amor de la ensalada,
y parece que el cielo contribuye
dándote fina forma de granizo
a celebrar tu claridad picada
sobre los hemisferios de un tomate.
Pero al alcance
de las manos del pueblo,
regada con aceite,
espolvoreada
con un poco de sal,
matas el hambre
del jornalero en el duro camino.

Estrella de los pobres,
hada madrina
envuelta
en delicado
papel, sales del suelo,
eterna, intacta, pura
como semilla de astro,
y al cortarte
el cuchillo en la cocina
sube la única lágrima
sin pena.

Generously
you undo
your globe of freshness
in the fervent consummation
of the cooking pot,
and the crystal shred
in the flaming heat of the oil
is transformed into a curled golden feather.

Then, too, I will recall how fertile
is your influence on the love of the salad,
and it seems that the sky contributes
by giving you the shape of hailstones
to celebrate your chopped brightness
on the hemispheres of a tomato.
But within reach
of the hands of the common people,
sprinkled with oil,
dusted
with a bit of salt,
you kill the hunger
of the day-laborer on his hard path.

Star of the poor,
fairy godmother
wrapped
in delicate
paper, you rise from the ground
eternal, whole, pure
like an astral seed,
and when the kitchen knife
cuts you, there arises
the only tear
without sorrow.

Nos hiciste llorar sin afligirnos.
Yo cuanto existe celebré, cebolla,
pero para mí eres
más hermosa que un ave
de plumas cegadoras,
eres para mis ojos
globo celeste, copa de platino,
baile inmóvil
de anémona nevada

y vive la fragancia de la tierra
en tu naturaleza cristalina.

You make us cry without hurting us.
I have praised everything that exists,
but to me, onion, you are
more beautiful than a bird
of dazzling feathers,
you are to my eyes
a heavenly globe, a platinum goblet,
an unmoving dance
of the snowy anemone

and the fragrance of the earth lives
in your crystalline nature.

Oda al traje

Cada mañana esperas,
traje, sobre una silla
que te llene
mi vanidad, mi amor,
mi esperanza, mi cuerpo.
Apenas
salgo del sueño,
me despido del agua,
entro en tus mangas,
mis piernas buscan
el hueco de tus piernas
y así abrazado
por tu fidelidad infatigable
salgo a pisar el pasto,
entro en la poesía,
miro por las ventanas,
las cosas,
los hombres, las mujeres,
los hechos y las luchas
me van formando,
me van haciendo frente
labrándome las manos,
abriéndome los ojos,
gastándome la boca
y así,
traje,
yo también voy formándote,
sacándote los codos,
rompiéndote los hilos,
y así tu vida crece
a imagen de mi vida.
Al viento

Ode to My Suit

Every morning you wait
on a chair, suit,
for my vanity, my love,
my hope, my body
to fill you.
I have hardly
emerged from sleep,
I leave the water,
I enter your sleeves,
my legs search for
the hollow of your legs,
and thus embraced
by your untiring loyalty
I go out to walk the pasture,
I enter poetry,
I look through the windows,
things,
men, women,
events and struggles
keep shaping me,
keep confronting me,
making my hands work,
opening my eyes,
wearing out my mouth,
and thus,
suit,
I also keep shaping you,
pushing out your elbows,
tearing your threads,
and thus your life grows
in the image of my life.
You flap and rustle

ondulas y resuenas
como si fueras mi alma,
en los malos minutos
te adhieres
a mis huesos
vacío, por la noche
la oscuridad, el sueño
pueblan con sus fantasmas
tus alas y las mías.
Yo pregunto
si un día
una bala
del enemigo
te dejará una mancha de mi sangre
y entonces
te morirás conmigo
o tal vez
no sea todo
tan dramático
sino simple,
y te irás enfermando,
traje,
conmigo,
envejeciendo
conmigo, con mi cuerpo
y juntos
entraremos
a la tierra.
Por eso
cada día
te saludo
con reverencia y luego
me abrazas y te olvido,
porque uno solo somos

in the wind
as if you were my soul,
at bad moments
you cling
to my bones,
empty, at night
darkness and dream
people with their phantoms
your wings and mine.
I ask
whether someday
a bullet
from the enemy
will stain you with my blood
and then
you will die with me
or perhaps
it may not be
so dramatic
but simple,
and you will gradually get sick,
suit,
with me,
you will grow old
with me, with my body,
and together
we will enter
the earth.
That's why
every day
I greet you
with reverence and then
you embrace me and I forget you,
because we are one

y seguiremos siendo
frente al viento, en la noche,
las calles o la lucha
un solo cuerpo
tal vez, tal vez, alguna vez inmóvil.

and we will go on facing
the wind, at night,
the streets or the struggle,
one body,
perhaps, perhaps, motionless someday.

Oda al tomate

La calle
se llenó de tomates,
mediodía,
verano,
la luz
se parte
en dos
mitades
de tomate,
corre
por las calles
el jugo.
En diciembre
se desata
el tomate,
invade
las cocinas,
entra por los almuerzos,
se sienta
reposado
en los aparadores,
entre los vasos,
las mantequilleras,
los saleros azules.
Tiene
luz propia,
majestad benigna.
Debemos, por desgracia,
asesinarlo:
se hunde
el cuchillo
en su pulpa viviente,

Ode to the Tomato

The street
filled with tomatoes,
midday,
summer,
the light
splits
in two
halves
of tomato,
the juice
runs
through the streets.
In June
the tomato
cuts loose,
invades
the kitchens,
takes over lunches,
sits down
comfortably
on sideboards,
among the glasses,
the butter dishes,
the blue saltshakers.
It has
its own light,
a benign majesty.
Unfortunately, we have to
assassinate it:
the knife
plunges
into its living flesh,

es una roja
víscera,
un sol
fresco,
profundo,
inagotable,
llena las ensaladas
de Chile,
se casa alegremente
con la clara cebolla,
y para celebrarlo
se deja
caer
aceite,
hijo
esencial del olivo,
sobre sus hemisferios entreabiertos,
agrega
la pimienta
su fragancia,
la sal su magnetismo:
son las bodas
del día,
el perejil
levanta
banderines,
las papas
hierven vigorosamente,
el asado
golpea
con su aroma
en la puerta,
es hora!
vamos!

it is a red
viscera,
a cool,
deep,
inexhaustible
sun
fills the salads
of Chile,
is cheerfully married
to the clear onion,
and to celebrate,
oil
lets itself
fall,
son and essence
of the olive tree,
onto the half-open hemispheres,
pepper
adds
its fragrance,
salt, its magnetism:
it is the day's
wedding,
parsley
raises
little flags,
potatoes
vigorously boil,
with its aroma
the steak
pounds
on the door,
it's time!
let's go!

y sobre
la mesa, en la cintura
del verano,
el tomate,
astro de tierra,
estrella
repetida
y fecunda,
nos muestra
sus circunvoluciones,
sus canales,
la insigne plenitud
y la abundancia
sin hueso,
sin coraza,
sin escamas ni espinas,
nos entrega
el regalo
de su color fogoso
y la totalidad de su frescura.

and on
the table, in the belt
of summer,
the tomato,
luminary of earth,
repeated
and fertile
star,
shows us
its convolutions,
its canals,
the illustrious plenitude
and the abundance
without pit,
without husk,
without scales or thorns,
the gift
of its fiery color
and the totality of its coolness.

Oda a César Vallejo

A la piedra en tu rostro,
Vallejo,
a las arrugas
de las áridas sierras
yo recuerdo en mi canto,
tu frente
gigantesca
sobre tu cuerpo frágil,
el crepúsculo negro
en tus ojos
recién desenterrados,
días aquellos,
bruscos,
desiguales,
cada hora tenía
ácidos diferentes
o ternuras
remotas,
las llaves
de la vida
temblaban
en la luz polvorienta
de la calle,
tú volvías
de un viaje
lento, bajo la tierra,
y en la altura
de las cicatrizadas cordilleras
yo golpeaba las puertas,
que se abrieran
los muros,
que se desenrollaran

Ode to César Vallejo

The stone in your face,
Vallejo,
the wrinkles
of the arid mountain-ranges
I remember in my song,
your huge
forehead
above your frail body,
the black twilight
in your newly
unburied eyes,
those days,
abrupt,
uneven,
every hour had
different acids
or remote
tendernesses,
the keys
of life
trembled
in the dusty light
of the street,
you came back
from a slow
journey, under the earth,
and in the heights
of the scarred mountains
I pounded on the doors:
let the walls
open,
let the roads

los caminos,
recién llegado de Valparaíso
me embarcaba en Marsella,
la tierra
se cortaba
como un limón fragante
en frescos hemisferios amarillos,
tú
te quedabas
allí, sujeto
a nada,
con tu vida
y tu muerte,
con tu arena
cayendo,
midiéndote
y vaciándote,
en el aire,
en el humo,
en las callejas rotas
del invierno.

Era en París, vivías
en los descalabrados
hoteles de los pobres.
España
se desangraba.
Acudíamos.
Y luego
te quedaste
otra vez en el humo
y así cuando
ya no fuiste, de pronto,
no fue la tierra

unroll,
newly arrived from Valparaíso
I embarked at Marseilles,
the earth
was cut
like a fragrant lemon
in cool yellow hemispheres,
you
remained
there, attached
to nothing,
with your life
and your death,
with your sand
falling,
measuring you
and emptying you,
in the air,
in the smoke,
in the broken alleys
of winter.

You were in Paris, you lived
in the battered
hotels of the poor.
Spain
was bleeding to death.
We went.
And then
you remained
once again in the smoke
and so when
you no longer existed, suddenly,
what held your bones

de las cicatrices,
no fue
la piedra andina
la que tuvo tus huesos,
sino el humo,
la escarcha
de París en invierno.

Dos veces desterrado,
hermano mío,
de la tierra y el aire,
de la vida y la muerte,
desterrado
del Perú, de tus ríos,
ausente
de tu arcilla.
No me faltaste en vida,
sino en muerte.
Te busco
gota a gota,
polvo a polvo,
en tu tierra,
amarillo
es tu rostro,
escarpado
es tu rostro,
estás lleno
de viejas pedrerías,
de vasijas
quebradas,
subo
las antiguas
escalinatas,
tal vez

wasn't the earth
of the scars,
wasn't
the Andean stone,
but the smoke,
the frost
of Paris in the winter.

Twice exiled,
my brother,
from the earth and the air,
from life and death,
exiled
from Peru, from your rivers,
absent
from your clay.
I didn't miss you in life,
but in death.
I look for you
drop by drop,
dust by dust,
in your earth,
your face
is yellow,
your face is
steep,
you are full
of old jewels,
of broken
casks,
I climb
the ancient
stairways,
perhaps

estés perdido,
enredado
entre los hilos de oro,
cubierto
de turquesas,
silencioso,
o tal vez
en tu pueblo,
en tu raza,
grano
de maíz extendido,
semilla
de bandera.
Tal vez, tal vez ahora
transmigres
y regreses,
vienes
al fin
de viaje,
de manera
que un día
te verás en el centro
de tu patria,
insurrecto,
viviente,
cristal de tu cristal, fuego en tu fuego,
rayo de piedra púrpura.

you are lost,
tangled
in the golden threads,
covered
with turquoises,
silent,
or perhaps
in your village,
in your race,
grain
of corn spread out,
seed
of flag.
Perhaps, perhaps now
you are transmigrating
and returning,
coming
to the end
of the journey,
so that
someday
you will see yourself in the center
of your homeland,
insurgent,
alive,
crystal of your crystal, fire in your fire,
ray of purple stone.

Oda a un reloj en la noche

En la noche, en tu mano
brilló como luciérnaga
mi reloj.
Oí
su cuerda:
como un susurro seco
salía
de tu mano invisible.
Tu mano entonces
volvió a mi pecho oscuro
a recoger mi sueño y su latido.

El reloj
siguió cortando el tiempo
con su pequeña sierra.
Como en un bosque
caen
fragmentos de madera,
mínimas gotas, trozos
de ramajes o nidos,
sin que cambie el silencio,
sin que la fresca oscuridad termine,
así
siguió el reloj cortando,
desde tu mano invisible,
tiempo, tiempo,
y cayeron
minutos como hojas,
fibras de tiempo roto,
pequeñas plumas negras.

Como en el bosque
olíamos raíces,

Ode to a Watch in the Night

In the night, in your hand
my watch glowed
like a firefly.
I heard
its ticking:
like a dry whisper
it arose
from your invisible hand.
Then your hand
returned to my dark breast
to gather my sleep and its pulse.

The watch
went on cutting time
with its little saw.
As in a forest
fragments of wood,
tiny drops, pieces
of branches or nests
fall
without changing the silence,
without ending the cool darkness,
so
from your invisible hand
the watch went on cutting
time, time,
and minutes fell
like leaves,
fibers of broken time,
little black feathers.

As in the forest
we smelled roots,

el agua en algún sitio desprendía
una gotera gruesa
como uva mojada.
Un pequeño molino
molía noche,
la sombra susurraba
cayendo de tu mano
y llenaba la tierra.
Polvo,
tierra, distancia
molía y molía
mi reloj en la noche,
desde tu mano.

Yo puse
mi brazo
bajo tu cuello invisible,
bajo su peso tibio,
y en mi mano
cayó el tiempo,
la noche,
pequeños ruidos
de madera y de bosque,
de noche dividida,
de fragmentos de sombra,
de agua que cae y cae:
entonces
cayó el sueño
desde el reloj y desde
tus dos manos dormidas,
cayó como agua oscura
de los bosques,
del reloj
a tu cuerpo,

somewhere water released
a fat drop
like a wet grape.
A little mill
was grinding the night,
the shadow whispered
falling from your hand
and filled the earth.
Dust,
earth, distance,
my watch in the night
was grinding and grinding
from your hand.

I put
my arm
under your invisible neck,
under its warm weight,
and in my hand
time fell,
the night,
little noises
of wood and forest,
of divided night,
of fragments of shadow,
of water that falls and falls:
then
sleep fell
from the watch and from
your two sleeping hands,
it fell like the dark water
of the forests,
from the watch
to your body,

de ti hacia los países,
agua oscura,
tiempo que cae
y corre
adentro de nosotros.

Y así fue aquella noche,
sombra y espacio, tierra
y tiempo,
algo que corre y cae
y pasa.
Y así todas las noches
van por la tierra,
no dejan sino un vago
aroma negro.
Cae una hoja,
una gota
en la tierra
apaga su sonido,
duerme el bosque, las aguas,
las praderas,
las campanas,
los ojos.

Te oigo y respiras,
amor mío,
dormimos.

from you toward countries,
dark water,
time that falls
and runs
inside us.

And that's how it was, that night,
shadow and space, earth
and time,
something that runs and falls
and passes.
And that's how all the nights
go over the earth,
leaving only a vague
black odor.
A leaf falls,
a drop
on the earth
muffles its sound,
the forest sleeps, the waters,
the meadows,
the bells,
the eyes.

I hear you and you breathe,
my love,
we sleep.

Oda al vino

Vino color de día,
vino color de noche,
vino con pies de púrpura
o sangre de topacio,
vino,
estrellado hijo
de la tierra,
vino, liso
como una espada do oro,
suave
como un desordenado terciopelo,
vino encaracolado
y suspendido,
amoroso,
marino,
nunca has cabido en una copa,
en un canto, en un hombre,
coral, gregario eres,
y cuando menos, mutuo.
A veces
te nutres de recuerdos
mortales,
en tu ola
vamos de tumba en tumba,
picapedrero de sepulcro helado,
y lloramos
lágrimas transitorias,
pero
tu hermoso
traje de primavera
es diferente,
el corazón sube a las ramas,

Ode to Wine

Wine, color of day,
wine, color of night,
wine with your feet of purple
or topaz blood,
wine,
starry child
of the earth,
wine, smooth
as a golden sword,
soft
as velvet,
wine spiral-shelled
and astonished,
amorous,
oceanic,
never have you been contained
in one glass, one song, one man,
you are choral, gregarious,
and, at the least, mutual.
Sometimes
you feed on deadly
memories,
on your wave
we travel from tomb to tomb,
stonecutter of frozen graves,
and we weep
transitory tears,
but
your beautiful
spring clothing
is different,
the heart rises to the branches,

el viento mueve el día,
nada queda
dentro de tu alma inmóvil.
El vino
mueve la primavera,
crece como una planta la alegría,
caen muros,
peñascos,
se cierran los abismos,
nace el canto.
Oh tú, jarra de vino, en el desierto
con la sabrosa que amo,
dijo el viejo poeta.
Que el cántaro de vino
al beso del amor sume su beso.

Amor mío, de pronto
tu cadera
es la curva colmada
de la copa,
tu pecho es el racimo,
la luz del alcohol tu cabellera,
las uvas tus pezones,
tu ombligo sello puro
estampado en tu vientre de vasija,
y tu amor la cascada
de vino inextinguible,
la claridad que cae en mis sentidos,
el esplendor terrestre de la vida.

Pero no sólo amor,
beso quemante
o corazón quemado,
eres, vino de vida,

the wind moves the day,
nothing remains
within your motionless soul.
Wine
moves the whole springtime,
joy grows like a plant,
walls crumble,
boulders,
abysses close up,
song is born.
Oh thou, jug of wine, in the desert
beside me, with the woman I love,
said the old poet.
Let the pitcher of wine
add its kiss to the kiss of love.

My love, suddenly
your hip
is the full curve
of the wineglass,
your breast is the cluster,
your hair is alcohol's light,
your nipples are the grapes,
your navel is a pure seal
stamped on the vessel of your belly,
and your love is the inexhaustible
cascade of wine,
the brightness that falls on my senses,
the earthly splendor of life.

But you are not only love,
the burning kiss
or the ignited heart,
you are also

sino
amistad de los seres, transparencia,
coro de disciplina,
abundancia de flores.
Amo sobre una mesa,
cuando se habla,
la luz de una botella
de inteligente vino,
que lo beban,
que recuerden en cada
gota de oro
o copa de topacio
o cuchara de púrpura
que trabajó el otoño
hasta llenar de vino las vasijas
y aprenda el hombre oscuro,
en el ceremonial de su negocio,
a recordar la tierra y sus deberes,
a propagar el cántico del fruto.

fellowship, transparency,
chorus of discipline,
abundance of flowers.
I love to have on the table,
while people are talking,
the light of a bottle
of intelligent wine,
let them drink it,
let them remember in each
golden drop
or topaz goblet
or purple glass,
that autumn labored
till it filled the vessels with wine,
and let the simple man learn,
in the rituals of his trade,
to remember the earth and his duties,
to propagate the canticle of the fruit.

Oda al pájaro sofré

Te enterré en el jardín:
una fosa
minúscula
como una mano abierta,
tierra
austral,
tierra fría
fue cubriendo
tu plumaje,
los rayos amarillos,
los relámpagos negros
de tu cuerpo apagado.
Del Matto Grosso,
de la fértil Goiania,
te enviaron
encerrado.
No podías.
Te fuiste.
En la jaula
con las pequeñas
patas tiesas,
como agarradas
a una rama invisible,
muerto,
un pobre atado
de plumas
extinguidas,
lejos
de los fuegos natales,
de la madre
espesura,
en tierra fría,

Ode to the Yellow Bird

I buried you in the garden:
a grave
tiny
as an open hand,
southern
earth,
cold earth
fell covering
your plumage,
the yellow rays,
the black lightnings
of your snuffed-out body.
From Mato Grosso,
from fertile Goiânia
they sent you,
locked up.
You couldn't bear it.
You left.
In the cage
with your small
feet stiff,
as though clutching
an invisible branch,
dead,
a poor clump
of extinguished
feathers,
far away
from your native fires,
from the maternal
thicket,
in cold earth,

lejos.
Ave
purísima,
te conocí viviente,
eléctrico,
agitado,
rumoroso,
una flecha
fragante
era tu cuerpo,
por mi brazo y mis hombros
anduviste
independiente, indómito,
negro de piedra negra
y polen amarillo.
Oh salvaje
hermosura,
la dirección erguida
de tus pasos,
en tus ojos
la chispa
del desafío, pero
así
como una flor es desafiante,
con la entereza
de una terrestre integridad, colmado
como un racimo, inquieto
como un descubridor,
seguro
de su débil arrogancia.

Hice mal, al otoño
que comienza
en mi patria,

far away.
Bird
most pure,
I knew you alive,
electric,
excited,
murmurous,
your body was
a fragrant
arrow,
on my arm and shoulders
you walked
independent, untamed,
black as black stone
and pollen-yellow.
O wild
beauty,
the proud determination
of your steps,
in your eyes
the spark
of defiance, but
as
a flower is defiant,
with the wholeness
of an earthly integrity, filled up
like a bunch of grapes, restless
as a discoverer,
safe
in your frail arrogance.

I did wrong: to the autumn
that is beginning
in my country,

a las hojas
que ahora desfallecen
y se caen,
al viento Sur, galvánico,
a los árboles duros, a las hojas
que tú no conocías,
te traje,
hice viajar tu orgullo
a otro sol ceniciento
lejos del tuyo
quemante
como cítara escarlata,
y cuando
al aeródromo metálico
tu jaula
descendió,
ya no tenías
la majestad del viento,
ya estabas despojado
de la luz cenital que te cubría,
ya eras
una pluma de la muerte,
y luego,
en mi casa,
fue tu mirada última
a mi rostro, el reproche
de tu mirada indomable.
Entonces,
con las alas cerradas,
regresaste
a tu cielo,
al corazón extenso,
al fuego verde,
a la tierra encendida,

to the leaves
that fade now
and fall,
to the galvanic wind of the south,
to the hard trees, to the leaves
that you didn't know,
I brought you,
I made your pride travel
to a different, ashen sun
far from your own
that burns
like a scarlet zither,
and when
at the metallic hangar
your cage
landed,
already you had lost
the majesty of the wind,
already you had been stripped
of the zenith's light that had covered you,
already you were
a feather of death,
and then,
in my house,
your final look was
into my face, the reproach
of your untamable gaze.
Later,
with wings closed,
you went back
to your sky,
to the spacious heart,
to the green fire,
to the ignited earth,

a las vertientes,
a las enredaderas,
a las frutas,
al aire, a las estrellas,
al sonido secreto
de los desconocidos manantiales,
a la humedad
de las fecundaciones en la selva,
regresaste
a tu origen,
al fulgor amarillo,
al pecho oscuro,
a la tierra y al cielo de tu patria.

to the slopes,
to the trailing vines,
to the fruits,
to the air, to the stars,
to the secret sound
of unknown springs,
to the moisture
of fecundations in the jungle,
you went back
to your origin,
to the yellow brilliance,
to the dark breast,
to the earth and sky of your home.

from New Elemental Odes

Oda al picaflor

Al colibrí,
volante
chispa de agua,
incandescente gota
de fuego
americano,
resumen
encendido
de la selva,
arco iris
de precisión
celeste:
al
picaflor
un arco,
un
hilo
de oro,
una fogata
verde!

Oh
mínimo
relámpago
viviente,
cuando
se sostiene
en el aire
tu
estructura
de polen,
pluma

Ode to the Hummingbird

To the flower-sipper,
flying
spark of water,
incandescent drop
of American
fire,
brilliant
epitome
of the jungle,
rainbow
of celestial
precision:
to the
hummingbird,
an arc,
a
golden
thread,
a blaze
of green!

O
tiny
animated
lightningflash,
as
your
structure
of pollen
hovers
in the air,
feather

o brasa,
te pregunto,
qué cosa eres,
en dónde
te originas?
Tal vez en la edad ciega
del diluvio,
en el lodo
de la fertilidad,
cuando
la rosa
se congeló en un puño de antracita
y se matricularon los metales,
cada uno en
su secreta
galería,
tal vez entonces
del reptil
herido
rodó un fragmento,
un átomo
de oro,
la última
escama cósmica, una
gota
del incendio terrestre
y voló
suspendiendo tu hermosura,
tu iridiscente
y rápido zafiro.

Duermes
en una nuez,
cabes en una

or live coal,
I ask you,
what are you,
where
is your origin?
Perhaps in the blind age
of the flood,
in the mire
of fertility,
when
the rose
congealed into a fist of coal
and metals signed up,
each one in
its secret
cubicle,
perhaps then
from the wounded
reptile
one fragment whirled out,
one atom
of gold,
the final
cosmic sliver, one
drop
of earthly fire,
and it flew
dangling your beauty,
your iridescent
and quick sapphire.

You sleep
in a walnut,
fit into a

minúscula corola,
flecha,
designio,
escudo,
vibración
de la miel, rayo del polen,
eres
tan valeroso
que el halcón
con su negra emplumadura
no te amedrenta:
giras
como luz en la luz,
aire en el aire,
y entras
volando
en el estuche húmedo
de una flor temblorosa
sin miedo
de que su miel nupcial te decapite.

Del escarlata al oro espolvoreado,
al amarillo que arde,
a la rara
esmeralda cenicienta,
al terciopelo anaranjado y negro
de tu tornasolado corselete,
hasta el dibujo
que como
espina de ámbar
te comienza,
pequeño ser supremo,
eres milagro,
y ardes

minuscule corolla,
arrow,
invention,
coat of arms,
vibration
of honey, ray of pollen,
you are
so valiant
that the falcon
with his black plumage
doesn't frighten you:
you whirl
like light in light,
air in air,
and fly into
the moist coffer of
a quivering flower
without fear
that its nuptial honey will behead you.

From scarlet to powdered gold,
to blazing yellow,
to the rare
ashen emerald,
to the orange-and-black velvet
of your shimmering corselet,
out to the tip
that like
an amber thorn
begins you,
small, superlative being,
you are a miracle,
and you blaze

desde
California caliente
hasta el silbido
del viento amargo de la Patagonia.
Semilla del sol
eres,
fuego
emplumado,
minúscula
bandera
voladora,
pétalo de los pueblos que callaron,
sílaba
de la sangre enterrada,
penacho
del antiguo
corazón
sumergido.

from
warm California
to the whistling
of the bitter winds of Patagonia.
You are seed
of the sun,
feathered
flame,
minuscule
streaming
banner,
petal of silenced races,
syllable
of buried blood,
plume
of the ancient
submerged
heart.

Oda a la gaviota

A la gaviota
sobre
los pinares
de la costa,
en el viento
la sílaba
silbante de mi oda.

Navega,
barca lúcida,
bandera de dos alas,
en mi verso,
cuerpo de plata,
sube
tu insignia atravesada
en la camisa
del firmamento frío,
oh voladora,
suave
serenata del vuelo,
flecha de nieve, nave
tranquila en la tormenta transparente
elevas tu equilibrio
mientras
el ronco viento barre
las praderas del cielo.

Después del largo viaje,
tú, magnolia emplumada,
triángulo sostenido
por el aire en la altura,
con lentitud regresas
a tu forma

Ode to the Seagull

To the seagull
above
the pinewoods
of the coast,
on the wind
the sibilant
syllable of my ode.

Sail along
in my verse,
shining boat,
banner with two wings,
body of silver,
lift up
your emblem across
the shirt
of the cold firmament,
O sky-sailor,
smooth
serenade of flight,
arrow of snow, calm
ship in the transparent storm,
you raise your equilibrium
while
the hoarse wind sweeps
the meadows of the sky.

After your long journey,
feathered magnolia,
triangle that the air
holds up into the heights,
slowly you come back
to your form

cerrando
tu plateada vestidura,
ovalando tu nítido tesoro,
volviendo a ser
botón blanco del vuelo,
germen
redondo,
huevo de la hermosura.

Otro poeta
aquí
terminaría
su victoriosa oda.
Yo no puedo
permitirme
sólo
el lujo blanco
de la inútil espuma.
Perdóname,
gaviota,
soy
poeta
realista,
fotógrafo del cielo.
Comes,
comes,
comes,
no hay
nada que no devores,
sobre el agua del puerto
ladras
como perro de pobre,
corres
detrás del último
pedazo de intestino

closing
your silver garment,
ovaling your brilliant treasure,
becoming once again
a white bud of flight,
round
seed,
egg of beauty.

Another poet
at this point
would end
his triumphant ode.
I cannot
allow myself
just
the white luxury
of the useless foam.
Forgive me,
seagull,
I am
a poet
of reality,
a photographer of the sky.
You eat,
eat,
eat,
there's
nothing you don't devour,
over the water of the bay
you bark
like a poor man's dog,
you run
after the last
scrap

de pescado,
picoteas
a tus hermanas blancas,
robas
la despreciable presa,
el desarmado cúmulo
de basura marina,
acechas los
tomates
decaídos,
las descartadas
sobras de la caleta.
Pero
todo
lo transformas
en ala limpia,
en blanca geometría,
en la estática línea de tu vuelo.

Por eso,
ancla nevada,
voladora,
te celebro completa:
con tu voracidad abrumadora,
con tu grito en la lluvia
o tu descanso
de copo desprendido
a la tormenta,
con tu paz o tu vuelo,
gaviota,
te consagro
mi palabra terrestre,
torpe ensayo de vuelo,
a ver si tú desgranas
tu semilla de pájaro en mi oda.

of fish guts,
you peck
at your white sisters,
you steal
the despicable prize,
the crumbling heap
of oceanic garbage,
you scout for
rotten tomatoes,
the discarded
refuse of the cove.
But
you transform
all of it
into pure wing,
white geometry,
the ecstatic line of your flight.

That's why,
snowy anchor,
sky-sailor,
I celebrate you as a whole:
with your overwhelming voraciousness,
with your screech in the rain
or your rest
like a snowflake detached
from the storm,
with your peace or your flight,
seagull,
I consecrate to you
my earthly words,
a clumsy attempt at flight,
to see
if you will scatter
your birdseed in my ode.

Oda a los calcetines

Me trajo Maru Mori
un par
de calcetines
que tejió con sus manos
de pastora,
dos calcetines suaves
como liebres.
En ellos
metí los pies
como en
dos
estuches
tejidos
con hebras del
crepúsculo
y pellejo de ovejas.

Violentos calcetines,
mis pies fueron
dos pescados
de lana,
dos largos tiburones
de azul ultramarino
atravesados
por una trenza de oro,
dos gigantescos mirlos,
dos cañones:
mis pies
fueron honrados
de este modo
por
estos

Ode to My Socks

Maru Mori brought me
a pair
of socks
which she knitted with her own
sheepherder hands,
two socks as soft
as rabbits.
I slipped my feet
into them
as if they were
two
cases
knitted
with threads of
twilight
and the pelt of sheep.

Outrageous socks,
my feet became
two fish
made of wool,
two long sharks
of ultramarine blue
crossed
by one golden hair,
two gigantic blackbirds,
two cannons:
my feet
were honored
in this way
by
these

celestiales
calcetines.
Eran
tan hermosos
que por primera vez
mis pies me parecieron
inaceptables
como dos decrépitos
bomberos, bomberos,
indignos
de aquel fuego
bordado,
de aquellos luminosos
calcetines.

Sin embargo
resistí
la tentación aguda
de guardarlos
como los colegiales
preservan
las luciérnagas,
como los eruditos
coleccionan
documentos sagrados,
resistí
el impulso furioso
de ponerlos
en una jaula
de oro
y darles cada día
alpiste
y pulpa de melón rosado.
Como descubridores

heavenly
socks.
They were
so beautiful
that for the first time
my feet seemed to me
unacceptable
like two decrepit
firemen, firemen
unworthy
of that embroidered
fire,
of those luminous
socks.

Nevertheless,
I resisted
the sharp temptation
to save them
as schoolboys
keep
fireflies,
as scholars
collect
sacred documents,
I resisted
the wild impulse
to put them
in a golden
cage
and each day give them
birdseed
and chunks of pink melon.
Like explorers

que en la selva
entregan el rarísimo
venado verde
al asador
y se lo comen
con remordimiento,
estiré
los pies
y me enfundé
los bellos
calcetines
y
luego los zapatos.

Y es ésta
la moral de mi oda:
dos veces es belleza
la belleza
y lo que es bueno es doblemente
bueno
cuando se trata de dos calcetines
de lana
en el invierno.

in the jungle
who hand over the rare
green deer
to the roasting spit
and eat it
with remorse,
I stretched out
my feet
and pulled on
the
magnificent
socks
and
then my shoes.

And the moral of my ode
is this:
beauty is twice
beauty
and what is good is doubly
good
when it's a matter of two
woolen socks
in winter.

from Third Book of Odes

Oda a la abeja

Multitud de la abeja!
Entra y sale
del carmín, del azul,
del amarillo,
de la más suave
suavidad del mundo:
entra en
una corola
precipitadamente,
por negocios,
sale
con traje de oro
y cantidad de botas
amarillas.

Perfecta
desde la cintura,
el abdomen rayado
por barrotes oscuros,
la cabecita
siempre
preocupada
y las
alas
recíen hechas de agua:
entra
por todas las ventanas olorosas,
abre
las puertas de la seda,
penetra por los tálamos
del amor más fragante,
tropieza

Ode to the Bee

Multitude of the bee!
It enters and exits
from the crimson, from the blue,
from the yellow,
from the softest
softness in the world:
it enters into
a corolla
precipitously,
for business,
it exits
with a gold suit
and a number of yellow
boots.

Perfect
from the waist,
its abdomen striped
with dark bands,
its little head
always
preoccupied
and its
wings
newly made of water:
it enters
through all the perfumed windows,
opens
the silken doors,
penetrates through the bridal chambers
of the most fragrant love,
bumps

con
una
gota
de rocío
como con un diamante
y de todas las casas
que visita
saca
miel
misteriosa,
rica y pesada
miel, espeso aroma,
líquida luz que cae en goterones,
hasta que a su
palacio
colectivo
regresa
y en las góticas almenas
deposita
el producto
de la flor y del vuelo,
el sol nupcial seráfico y secreto!

Multitud de la abeja!
Elevación
sagrada
de la unidad,
colegio
palpitante!

Zumban
sonoros
números
que trabajan

into
a
drop
of dew
as if into a diamond
and from all the houses
that it visits
it takes out
honey,
mysterious,
rich and massive
honey, dense aroma,
liquid light that falls in thick drops,
until it returns
to its
collective
palace
and in the gothic parapets
deposits
the product
of flower and flight,
the nuptial sun, seraphic and secret!

Multitude of the bee!
Sacred
elevation
of oneness,
palpitating
academy!

Sonorous
numbers
buzz
as they work

el néctar,
pasan
veloces
gotas
de ambrosía:
es la siesta
del verano en las verdes
soledades
de Osorno. Arriba
el sol clava sus lanzas
en la nieve,
relumbran los volcanes,
ancha
como
los mares
es la tierra,
azul es el espacio,
pero
hay algo
que tiembla, es
el quemante
corazón
del verano,
el corazón de miel
multiplicado,
la rumorosa
abeja,
el crepitante
panal
de vuelo y oro!

Abejas,
trabajadores puras,
ojivales

the nectar,
quick
drops of
ambrosia
go by:
it is the siesta
of summer in the green
solitudes
of Osorno. Above,
the sun nails its spears
into the snow,
volcanoes glisten,
the land is
broad
as
the seas,
space is blue,
but
there's something
that trembles, it is
the burning
heart
of summer,
the heart of honey
multiplied,
the sonorous
bee,
the crackling
honeycomb
of flight and gold!

Bees,
pure laborers,
ogival

obreras,
finas, relampagueantes
proletarias,
perfectas,
temerarias milicias
que en el combate atacan
con aguijón suicida,
zumbad,
zumbad sobre
los dones de la tierra,
familia de oro,
multitud del viento,
sacudid el incendio
de las flores,
la sed de los estambres,
el agudo
hilo
de olor
que reúne los días,
y propagad
la miel
sobrepasando
los continentes húmedos, las islas
más lejanas del cielo
del oeste.

Sí:
que la cera levante
estatuas verdes,
la miel
derrame
lenguas
infinitas,
y el océano sea

workers,
fine, flashing
proletarians,
perfect,
reckless militias
that in combat attack
with suicidal sting,
buzz,
buzz over
the gifts of the earth,
family of gold,
multitude of the wind,
shake the fire
from the flowers,
the thirst from the stamens,
the sharp
thread
of smell
that unites the days,
and propagate
honey
overpassing
the moist continents, the most distant
islands of the western
sky.

Yes:
let the wax erect
green statues,
let honey
overflow in
infinite
tongues,
and let the ocean become

una
colmena,
la tierra
torre y túnica
de flores,
y el mundo
una cascada,
cabellera,
crecimiento
incesante
de panales!

a
hive,
the earth
a tower and tunic
of flowers,
and the world
a waterfall, a comet's
tail,
a ceaseless
burgeoning
of honeycombs!

Oda a la pantera negra

Hace treinta y un años,
no lo olvido,
en Singapore, la lluvia
caliente como sangre
caía
sobre
antiguos muros blancos
carcomidos
por la humedad que en ellos
dejó besos leprosos.
La multitud oscura
relucía
de pronto en un relámpago
los dientes
o los ojos
y el sol de hierro arriba
como
lanza implacable.
Vagué por las calles inundadas
betel, las nueces rojas
elevándose
sobre
camas de hojas fragantes,
y el fruto *Dorian*
pudriéndose en la siesta bochornosa.
De pronto estuve
frente a una mirada,
desde una jaula
en medio de la calle
dos círculos
de frío,
dos imanes,

Ode to the Black Panther

Thirty-one years ago,
I haven't forgotten,
in Singapore, rain
warm as blood
was falling
upon
ancient white walls
worm-eaten
by the humidity that left in them
leprous kisses.
The dark multitude
would be lit up
suddenly by a flash
of teeth
or eyes,
with the iron sun up above
like
an implacable spear.
I wandered through the streets flooded
with betel, the red nuts
rising
over
beds of fragrant leaves,
and the *dorian* fruit
rotting in the muggy siesta.
Suddenly I was
in front of a gaze,
from a cage in the
middle of the street
two circles
of coldness,
two magnets,

dos electricidades enemigas,
dos ojos
que entraron en los míos
clavándome
a la tierra
y a la pared leprosa.
Vi entonces
el cuerpo que ondulaba
y era
sombra de terciopelo,
elástica pureza,
noche pura.
Bajo la negra piel
espolvoreados
apenas la irisaban
no supe bien
si rombos de topacio
o hexágonos de oro
que se traslucían
cuando
la presencia
delgada
se movía.
La pantera
pensando
y palpitando
era
una
reina
salvaje
en un cajón
en medio
de la calle
miserable.

two hostile electricities,
two eyes
that entered into mine
nailing me
to the ground
and to the leprous wall.
I saw then
the body that undulated
and was
a velvet shadow,
a flexible perfection,
pure night.
Under the black pelt,
making a subtle rainbow,
were powderlike
topaz rhomboids
or hexagons of gold,
I couldn't tell which,
that sparkled
as
the lean
presence
moved.
The panther
thinking
and palpitating
was
a
wild
queen
in a cage
in the middle of
the miserable
street.

De la selva perdida
del engaño,
del espacio robado,
del agridulce olor
a ser humano
y casas polvorientas
ella
sólo expresaba
con ojos
minerales
su desprecio, su ira
quemadora,
y eran sus ojos
dos
sellos
impenetrables
que cerraban
hasta la eternidad
una puerta salvaje.

Anduvo
como el fuego, y, como el humo,
cuando cerró los ojos
se hizo invisible, inabarcable noche.

Of the lost jungle
of deceit,
of stolen space,
of the sweet-and-sour smell of
human beings
and dusty houses
she
with mineral
eyes
only expressed
her scorn, her burning
anger,
and her eyes were
two
impenetrable
seals that
closed
till eternity
a wild door.

She walked
like fire, and, like smoke,
when she closed her eyes
she became the invisible, unencompassable night.

Oda al limón

De aquellos azahares
desatados
por la luz de la luna,
de aquel
olor de amor
exasperado,
hundido en la fragancia,
salió
del limonero el amarillo,
desde su planetario
bajaron a la tierra los limones.

Tierna mercadería!
Se llenaron las costas,
los mercados,
de luz, de oro
silvestre,
y abrimos
dos mitades
de milagro,
ácido congelado
que corría
desde los hemisferios
de una estrella,
y el licor más profundo
de la naturaleza,
intransferible, vivo,
irreductible,
nació de la frescura
del limón,
de su casa fragante,
de su ácida, secreta simetría.

Ode to the Lemon

From those flowers
loosened
by the moon's light,
from that
smell of exasperated
love,
sunk in fragrance,
yellow
emerged from the lemon tree,
from its planetarium
lemons came down to the earth.

Tender merchandise!
The coasts, the markets
filled up
with light, with barbaric
gold,
and we opened
two halves
of a miracle,
congealed acid
that ran
from the hemispheres
of a star,
and nature's most intense
liqueur,
unchanging, alive,
irreducible,
was born from the coolness
of the lemon,
from its fragrant house,
from its acid and secret symmetry.

En el limón cortaron
los cuchillos
una pequeña
catedral,
el ábside escondido
abrió a la luz los ácidos vitrales
y en gotas
resbalaron los topacios,
los altares,
la fresca arquitectura.

Así, cuando tu mano
empuña el hemisferio
del cortado
limón sobre tu plato
un universo de oro
derramaste,
una
copa amarilla
con milagros,
uno de los pezones olorosos
del pecho de la tierra,
el rayo de la luz que se hizo fruta,
el fuego diminuto de un planeta.

In the lemon
knives cut
a small
cathedral,
the hidden apse
opened acid windows
to the light
and drops poured out
the topazes,
the altars,
the cool architecture.

So, when your hand
grasps the hemisphere
of the cut
lemon above your plate
you spill
a universe of gold,
a
goblet yellow
with miracles,
one of the aromatic nipples
of the earth's breast,
the ray of light that became fruit,
a planet's minuscule fire.

Oda al gallo

Vi un gallo
de plumaje
castellano:
de tela negra y blanca
cortaron
su camisa,
sus pantalones cortos
y las plumas arqueadas
de su cola.
Sus patas enfundadas
en botas amarillas
dejaban
brillar los espolones
desafiantes
y arriba
la soberbia
cabeza
coronada
de sangre
mantenía
toda aquella apostura:
la estatua
del orgullo.

Nunca
sobre
la tierra
vi tal seguridad,
tal gallardía:
era
como si el fuego
enarbolara

Ode to the Rooster

I saw a rooster
with Castilian
plumage:
from black and white cloth
his shirt
had been cut,
and his knee-breeches,
and the arched feathers
of his tail.
His feet, sheathed
in yellow boots,
revealed
the glitter of his defiant
spurs,
and on top
the lordly
head,
crowned
with blood,
maintained
that demeanor:
a statue
of pride.

Never
on
earth
had I seen such confidence,
such valor:
it was
as if fire
had hoisted

la precisión final
de su hermosura:
dos oscuros
destellos
de azabache
eran
apenas
los desdeñosos ojos
del gallo
que caminaba como
si danzara
pisando casi sin tocar la tierra.

Pero apenas
un grano
de maíz, un fragmento
de pan vieron sus ojos
los levantó en el pico
como un joyero
eleva
con dedos delicados un diamante,
luego
llamó con guturales oratorias
a sus gallinas
y desde lo alto les dejó caer
el alimento.

Presidente no he visto
con galones y estrellas
adornado
como este
gallo
repartiendo
trigo,

the final precision
of its beauty:
two dark
flashes
of jet
were
the disdainful eyes
of the rooster
who walked as
if he were dancing,
almost without touching the ground.

But the moment
his eyes saw
a grain
of corn or a crumb
of bread,
he lifted it in his beak
as a jeweler's
delicate fingers hold up
a diamond,
then
with a guttural oration he called
his hens
and from on high let the food
fall.

Never have I seen a president
with gold braid and stars
adorned
like this
rooster
parceling out
wheat,

ni he visto
inaccesible
tenor
como este puro
protagonista de oro
que desde
el trono
central de su universo
protegió a las mujeres
de su tribu
sin dejarse en la boca
sino orgullo,
mirando a todos lados,
buscando
el alimento
de la tierra
sólo
para su ávida
familia,
dirigiendo los pasos
al sol, a las vertientes,
a otro grano
de trigo.

Tu dignidad de torre,
de guerrero
benigno,
tu himno
hacia las alturas
levantado,
tu rápido
amor, rapto
de sombras emplumadas,
celebro,

nor have I seen
a tenor
unapproachable
as this pure
protagonist of gold
who from
the central
throne of his universe
protected the women
of his tribe
keeping nothing in his mouth
but pride,
looking in all directions,
searching for
the food
of the earth
only
for his insatiable
family,
walking toward
the sun, toward the slopes,
toward another grain
of wheat.

Your dignity like a tower's,
like a benign
warrior's,
your hymn
lifted
to the heights,
your quick
love, rapture
of feathered shadows,
I celebrate,

gallo
negro
y blanco,
erguido,
resumen
de la viril integridad campestre,
padre
del huevo frágil, paladín
de la aurora,
ave de la soberbia,
ave sin nido,
que al hombre
destinó su sacrificio
sin someter
su estirpe,
ni derribar su canto.

No necesita vuelo
tu apostura,
mariscal del amor
y meteoro
a tantas excelencias
entregado
que si
esta
oda
cae
al gallinero
la picarás con displicencia suma
y la repartirás a tus gallinas.

black and
white
rooster,
strutting
epitome
of virile honor,
father
of the fragile egg, paladin
of the dawn,
bird of pride,
bird without a nest,
who bestows his sacrifice
upon mankind
without compromising
his lineage
or ruining his song.

Your nobility
doesn't need flight,
field marshal of love
and meteor
devoted
to so many excellences
that if
this
ode
falls
into the yard
you will peck it with supreme aloofness
and parcel it out to your hens.

Oda a la sal

Esta sal
del salero
yo la vi en los salares.
Sé que
no
van a creerme,
pero
canta,
canta la sal, la piel
de los salares,
canta
con una boca ahogada
por la tierra.
Me estremecí en aquellas
soledades
cuando escuché
la voz
de
la sal
en el desierto.
Cerca de Antofagasta
toda
la pampa salitrosa
suena:
es una
voz
quebrada,
un lastimero
canto.

Luego en sus cavidades
la sal gema, montaña

Ode to Salt

This salt
in the shaker:
I saw it in the salt mines.
I know you're
not
going to believe me,
but
it sings,
salt sings, the skin
of the salt mines
sings
with a mouth smothered
by earth.
I shivered in those
solitudes
when I heard
the voice
of
the salt
in the desert.
Near Antofagasta
the whole
saline plain
resounds:
it is a
broken
voice,
a song filled
with sorrow.

Then in its caverns
the gem salt, mountain

de una luz enterrada,
catedral transparente,
cristal del mar, olvido
de las olas.

Y luego en cada mesa
de este mundo,
sal,
tu substancia
ágil
espolvoreando
la luz vital
sobre
los alimentos.
Preservadora
de las antiguas
bodegas del navío,
descubridora
fuiste
en el océano,
materia
adelantada
en los desconocidos, entreabiertos
senderos de la espuma.
Polvo del mar, la lengua
de ti recibe un beso
de la noche marina:
el gusto funde en cada
sazonado manjar tu oceanía
y así la mínima,
la minúscula
ola del salero
nos enseña
no sólo su doméstica blancura,
sino el sabor central del infinito.

of a buried light,
transparent cathedral,
crystal of the sea, oblivion
of the waves.

And then on every table
in this world,
salt,
your nimble
substance
sprinkling
vivid light
over
our food.
Preserver
of the ancient
holds of ships,
you were
a discoverer
on the ocean,
the first
thing to move
into the unknown half-open
paths of the foam.
Dust of the sea, through you
the tongue receives a kiss
from the oceanic night:
taste merges your sea-essence
into every seasoned morsel
and thus the least,
tiniest wave
from the saltshaker
teaches us
not only its domestic whiteness,
but the central flavor of the infinite.

from Extravagaria

A callarse

Ahora contaremos doce
y nos quedamos todos quietos.

Por una vez sobre la tierra
no hablemos en ningún idioma,
por un segundo detengámonos,
no movamos tanto los brazos.

Sería un minuto fragante,
sin prisa, sin locomotoras,
todos estaríamos juntos
en una inquietud instantánea.

Los pescadores del mar frío
no harían daño a las ballenas
y el trabajador de la sal
miraría sus manos rotas.

Los que preparan guerras verdes,
guerras de gas, guerras de fuego,
victorias sin sobrevivientes,
se pondrían un traje puro
y andarían con sus hermanos
por la sombra, sin hacer nada.

No se confunda lo que quiero
con la inacción definitiva:
la vida es sólo lo que se hace,
no quiero nada con la muerte.

Si no pudimos ser unánimes
moviendo tanto nuestras vidas,

Keeping Quiet

Now we will count to twelve
and we will all keep still.

This one time upon the earth,
let's not speak any language,
let's stop for one second,
and not move our arms so much.

It would be a delicious moment,
without hurry, without locomotives,
all of us would be together
in a sudden uneasiness.

The fishermen in the cold sea
would do no harm to the whales
and the peasant gathering salt
would look at his torn hands.

Those who prepare green wars,
wars of gas, wars of fire,
victories without survivors,
would put on clean clothing
and would walk alongside their brothers
in the shade, without doing a thing.

What I want shouldn't be confused
with final inactivity:
life alone is what matters,
I want nothing to do with death.

If we weren't unanimous
about keeping our lives so much in motion,

tal vez no hacer nada una vez,
tal vez un gran silencio pueda
interrumpir esta tristeza,
este no entendernos jamás
y amenazarnos con la muerte,
tal vez la tierra nos enseñe
cuando todo parece muerto
y luego todo estaba vivo.

Ahora contaré hasta doce
y tú te callas y me voy.

if we could do nothing for once,
perhaps a great silence would
interrupt this sadness,
this never understanding ourselves
and threatening ourselves with death,
perhaps the earth is teaching us
when everything seems to be dead
and then everything is alive.

Now I will count to twelve
and you keep quiet and I'll go.

Caballos

Vi desde la ventana los caballos.

Fue en Berlín, en invierno. La luz
era sin luz, sin cielo el cielo.

El aire blanco como un pan mojado

Y desde mi ventana un solitario circo
mordido por los dientes del invierno.

De pronto, conducidos por un hombre,
diez caballos salieron a la niebla.

Apenas ondularon al salir, como el fuego,
pero para mis ojos ocuparon el mundo
vacío hasta esa hora. Perfectos, encendidos,
eran como diez dioses de largas patas puras,
de crines parecidas al sueño de la sal.

Sus grupas eran mundo y naranjas.

Su color era miel, ámbar, incendio.

Sus cuellos eran torres
cortadas en la piedra del orgullo,
y a los ojos furiosos se asomaba
como una prisionera, la energía.

Y allí en silencio, en medio
del día, del invierno sucio y desordenado,
los caballos intensos eran la sangre,
el ritmo, el incitante tesoro de la vida.

Horses

From the window I saw the horses.

I was in Berlin, in winter. The light
was without light, the sky without sky.

The air white like wet bread.

And from my window a vacant arena,
bitten by the teeth of winter.

Suddenly, led by a man,
ten horses stepped out into the mist.

Hardly had they surged forth, like flame,
than to my eyes they filled the whole world,
empty till then. Perfect, ablaze,
they were like ten gods with wide pure hoofs,
with manes like a dream of salt.

Their rumps were worlds and oranges.

Their color was honey, amber, fire.

Their necks were towers
cut from the stone of pride,
and behind their transparent eyes
energy raged, like a prisoner.

And there, in the silence, in the middle
of the day, of the dark, slovenly winter,
the intense horses were blood
and rhythm, the animating treasure of life.

Miré, miré y entonces reviví: sin saberlo
allí estaba la fuente, la danza de oro, el cielo,
el fuego que vivía en la belleza.

He olvidado el invierno de aquel Berlín oscuro.

No olvidaré la luz de los caballos.

I looked, I looked and was reborn: without knowing it,
there, was the fountain, the dance of gold, the sky,
the fire that revived in beauty.

I have forgotten that dark Berlin winter.

I will not forget the light of the horses.

Al pie desde su niño

El pie del niño aún no sabe que es pie,
y quiere ser mariposa o manzana.

Pero luego los vidrios y las piedras,
las calles, las escaleras,
y los caminos de la tierra dura
van enseñando al pie que no puede volar,
que no puede ser fruto redondo en una rama.
El pie del niño entonces
fue derrotado, cayó
en la batalla,
fue prisionero,
condenado a vivir en un zapato.

Poco a poco sin luz
fue conociendo el mundo a su manera,
sin conocer el otro pie, encerrado,
explorando la vida como un ciego.

Aquellas suaves uñas
de cuarzo, de racimo,
se endurecieron, se mudaron
en opaca substancia, en cuerno duro,
y los pequeños pétalos del niño
se aplastaron, se desequilibraron,
tomaron formas de reptil sin ojos,
cabezas triangulares de gusano.
Y luego encallecieron,
se cubrieron
con mínimos volcanes de la muerte,
inaceptables endurecimientos.

To the Foot from Its Child

The child's foot doesn't know yet that it's a foot,
and wants to be a butterfly or an apple.

But then stones and pieces of glass,
streets, ladders,
and the paths of the hard earth
go on teaching the foot that it can't fly,
that it can't be a round fruit on a branch.
The child's foot then
was overcome, it fell
in the battle,
was a prisoner,
condemned to live in a shoe.

Gradually, without light,
it started to know the world in its own way,
without knowing the other foot, shut in,
exploring life like a blindman.

These soft nails
of quartz, in a bunch,
hardened, changed into
opaque matter, into hard horn,
and the small petals of the child
got crushed, unbalanced,
took the form of eyeless reptiles,
worms' triangular heads.
And then they grew calluses,
they were covered
with tiny volcanoes
of death, unacceptable
hardenings.

Pero este ciego anduvo
sin tregua, sin parar
hora tras hora,
el pie y el otro pie,
ahora de hombre
o de mujer,
arriba,
abajo,
por los campos, las minas,
los almacenes y los ministerios,
atrás,
afuera, adentro,
adelante,
este pie trabajó con su zapato,
apenas tuvo tiempo
de estar desnudo en el amor o el sueño,
caminó, caminaron
hasta que el hombre entero se detuvo.

Y entonces a la tierra
bajó y no supo nada,
porque allí todo y todo estaba oscuro,
no supo que había dejado de ser pie,
si lo enterraban para que volara
o para que pudiera
ser manzana.

But this blind thing walked
without respite, without stopping
hour after hour,
one foot and then the other,
now a man's
or a woman's,
above,
below,
through fields, through mines,
through department stores and ministries,
backward,
outside, inside,
forward,
this foot labored with its shoe,
it hardly took time
to be naked in love or in sleep,
it walked, they walked
until the whole man stopped.

And then it went down
into the earth and knew nothing,
because there everything was dark,
it didn't know it had ceased being a foot,
if they had buried it so that it could fly
or so that it could
become an apple.

Sueño de gatos

Qué bonito duerme un gato,
duerme con patas y peso,
duerme con sus crueles uñas,
y con su sangre sanguinaria,
duerme con todos los anillos
que como círculos quemados
construyeron la geología
de una cola color de arena.

Quisiera dormir como un gato
con todos los pelos del tiempo,
con la lengua del pedernal,
con el sexo seco del fuego
y después de no hablar con nadie,
tenderme sobre todo el mundo,
sobre las tejas y la tierra
intensamente dirigido
a cazar las ratas del sueño.

He visto cómo ondulaba,
durmiendo, el gato: corría
la noche en él como agua oscura,
y a veces se iba a caer,
se iba tal vez a despeñar
en los desnudos ventisqueros,
tal vez creció tanto durmiendo
como un bisabuelo de tigre
y saltaría en las tinieblas
tejados, nubes y volcanes.

Duerme, duerme, gato nocturno
con tus ceremonias de obispo,

Cats' Dream

How nicely a cat sleeps,
sleeps with its paws and its gravity,
sleeps with its cruel claws,
and with its sanguinary blood,
sleeps with all the rings
which, like burnt circles,
compose the geology
of a tail the color of sand.

I would like to sleep like a cat
with all the hairs of time,
with the tongue of flint,
with the dry sex of fire
and after speaking with no one
to stretch myself over the whole world,
over the roof-tiles and the ground,
intensely determined
to go hunting the rats of dream.

I have seen how the cat as it slept
would undulate: the night
flowed in it like dark water,
and at times it was going to fall,
maybe it was going to plunge
into the naked snowdrifts,
or it grew so much as it slept
like a tiger's great-grandfather
that it overleapt in the darkness
roofs, clouds, and volcanoes.

Sleep, sleep, nocturnal cat,
with your ceremonies of a bishop

y tu bigote de piedra:
ordena todos nuestros sueños,
dirige la oscuridad
de nuestras dormidas proezas
con tu corazón sanguinario
y el largo cuello de tu cola.

and your mustache of stone:
supervise all our dreams,
manage the darkness
of our slumbered powers
with your sanguinary heart
and the long collar of your tail.

Demasiados nombres

Se enreda el lunes con el martes
y la semana con el año:
no se puede cortar el tiempo
con sus tijeras fatigadas,
y todos los nombres del día
los borra el agua de la noche.

Nadie puede llamarse Pedro,
ninguna es Rosa ni María,
todos somos polvo o arena,
todos somos lluvia en la lluvia.
Me han hablado de Venezuelas,
de Paraguayes y de Chiles,
no sé de lo que están hablando:
conozco la piel de la tierra
y sé que no tiene apellido.

Cuando viví con las raíces
me gustaron más que las flores,
y cuando hablé con una piedra
sonaba como una campana.

Es tan larga la primavera
que dura todo el invierno:
el tiempo perdió los zapatos:
un año tiene cuatro siglos.

Cuando duermo todas las noches,
cómo me llamo o no me llamo?
Y cuando me despierto quién soy
si no era yo cuando dormía?

Too Many Names

Monday is tangled up with Tuesday
and the week with the year:
time can't be cut
with your tired scissors,
and all the names of the day
are rubbed out by the water of the night.

No one can be named Pedro,
no one is Rosa or Maria,
all of us are dust or sand,
all of us are rain in the rain.
They have talked to me of Venezuelas,
of Paraguays and Chiles,
I don't know what they're talking about:
I'm aware of the earth's skin
and I know that it doesn't have a name.

When I lived with the roots
I liked them more than the flowers,
and when I talked with a stone
it rang like a bell.

The spring is so long
that it lasts all winter:
time lost its shoes:
a year contains four centuries.

When I sleep all these nights,
what am I named or not named?
And when I wake up who am I
if I wasn't I when I slept?

Esto quiere decir que apenas
desembarcamos en la vida,
que venimos recién naciendo,
que no nos llenemos la boca
con tantos nombres inseguros,
con tantas etiquetas tristes,
con tantas letras rimbombantes,
con tanto tuyo y tanto mío,
con tanta firma en los papeles.

Yo pienso confundir las cosas,
unirlas y recién nacerlas,
entreverarlas, desvestirlas,
hasta que la luz del mundo
tenga la unidad del océano,
una integridad generosa,
una fragancia crepitante.

This means that we have barely
disembarked into life,
that we've only just now been born,
let's not fill our mouths
with so many uncertain names,
with so many sad labels,
with so many pompous letters,
with so much yours and mine,
with so much signing of papers.

I intend to confuse things,
to unite them, make them new-born,
intermingle them, undress them,
until the light of the world
has the unity of the ocean,
a generous wholeness,
a fragrance alive and crackling.

Por boca cerrada
entran las moscas

Por qué con esas llamas rojas
se han dispuesto a arder los rubíes?

Por qué el corazón del topacio
tiene panales amarillos?

Por qué se divierte la rosa
cambiando el color de sus sueños?

Por qué se enfría la esmeralda
como una ahogada submarina?

Y por qué palidece el cielo
sobre las estrellas de junio?

Dónde compra pintura fresca
la cola de la lagartija?

Dónde está el fuego subterráneo
que resucita los claveles?

De dónde saca la sal
esa mirada transparente?

Dónde durmieron los carbones
que se levantaron oscuros?

Y dónde, dónde compra el tigre
rayas de luto, rayas de oro?

Through a Closed Mouth
the Flies Enter

Why with those red flames
are rubies ready to burn?

Why does the heart of the topaz
have yellow honeycombs?

Why does the rose amuse itself
by changing the color of its dreams?

Why does the emerald grow cold
like a drowned submarine?

And why does the sky turn pale
over the June stars?

Where does the lizard's tail
buy its fresh paint?

Where is the underground fire
that resurrects the carnations?

Where does the salt get
that transparent gaze?

Where did the coals sleep
that they got up so dark?

And where, where does the tiger buy
stripes of mourning, stripes of gold?

Cuándo comenzó a conocer
la madreselva su perfume?

Cuándo se dio cuenta el pino
de su resultado oloroso?

Cuándo aprendieron los limones
la misma doctrina del sol?

Cuándo aprendió a volar el humo?

Cuándo conversan las raíces?

Cómo es el agua en las estrellas?
Por qué el escorpión envenena,
por qué el elefante es benigno?

En qué medita la tortuga?
Dónde se retira la sombra?
Qué canto repite la lluvia?
Dónde van a morir los pájaros?
Y por qué son verdes las hojas?

Es tan poco lo que sabemos
y tanto lo que presumimos
y tan lentamente aprendemos,
que preguntamos, y morimos.
Mejor guardemos orgullo
para la ciudad de los muertos
en el día de los difuntos
y allí cuando el viento recorra
los huecos de tu calavera
te revelará tanto enigma,
susurrándote la verdad
donde estuvieron tus orejas.

When did the honeysuckle begin
to know its perfume?

When did the pine tree realize
its fragrant effect?

When did the lemons learn
the same catechism as the sun?

When did smoke learn to fly?

When do the roots converse?

What is water like in the stars?
Why is the scorpion poisonous,
why is the elephant benign?

What does the tortoise meditate on?
Where does the shade withdraw?
What song does the rain repeat?
Where do the birds go to die?
And why are the leaves green?

What we know is so little
and what we presume is so much
and we learn so slowly
that we ask and then we die.
Better to keep our pride
for the city of the dead
on the day of the departed
and there when the wind goes through
the hollows of your skull
it will decipher these enigmas for you,
whispering the truth in the space
where your ears used to be.

Bestiario

Si yo pudiera hablar con pájaros,
con ostras y con lagartijas,
con los zorros de Selva Oscura,
con los ejemplares pingüinos,
si me entendieran las ovejas,
los lánguidos perros lanudos,
los caballos de carretela,
si discutiera con los gatos,
si me escucharan las gallinas!

Nunca se me ha ocurrido hablar
con animales elegantes:
no tengo curiosidad
por la opinión de las avispas,
ni de las yeguas de carrera:
que se las arreglen volando,
que ganen vestidos corriendo!
Yo quiero hablar con las moscas,
con la perra recién parida
y conversar con las serpientes.

Cuando tuve pies para andar
en noches triples, ya pasadas,
seguí a los perros nocturnos,
esos escuálidos viajeros
que trotan viajando en silencio
con gran prisa a ninguna parte
y los seguí por muchas horas:
ellos desconfiaban de mí,
ay, pobres perros insensatos,
perdieron la oportunidad
de narrar sus melancolías,

Bestiary

If only I could speak with birds,
with oysters and with small lizards,
with the foxes of Selva Oscura,
with representative penguins,
if the sheep would listen to me,
the languorous, woolly dogs,
the huge carriage-horses, if only
I could talk things over with the cats,
if the chickens could understand me!

I have never felt the urge to speak
with aristocratic animals:
I am not at all interested
in the world view of the wasps
or the opinions of thoroughbred horses:
so what, if they go on flying
or winning ribbons at the track!
I want to speak with the flies,
with the bitch who has just given birth,
to have a long chat with the snakes.

When my feet were able to walk
through triple nights, now past,
I followed the nocturnal dogs,
those squalid, incessant travelers
who trot around town in silence
in their great rush to nowhere,
and I followed them for hours,
they were quite suspicious of me,
those poor foolish dogs,
they lost the opportunity
of telling me their sorrows,

de correr con pena y con cola
por las calles de los fantasmas.

Siempre tuve curiosidad
por el erótico conejo:
quiénes lo incitan y susurran
en sus genitales orejas?
Él va sin cesar procreando
y no hace caso a San Francisco,
no oye ninguna tontería:
el conejo monta y remonta
con organismo inagotable.
Yo quiero hablar con el conejo,
amo sus costumbres traviesas.

Las arañas están gastadas
por páginas bobaliconas
de simplistas exasperantes
que las ven con ojos de mosca,
que la describen devoradora,
carnal, infiel, sexual, lasciva.
Para mí esta reputación
retrata a los reputadores:
la araña es una ingeniera,
una divina relojera,
por una mosca más o menos
que la detesten los idiotas,
yo quiero conversar con la araña:
quiero que me teja una estrella.

Me interesan tanto las pulgas
que me dejo picar por horas,
son perfectas, antiguas, sánscritas,
son máquinas inapelables.

of running with grief and a tail
through the avenues of the ghosts.

I was always very curious
about the erotic rabbit:
who provokes it and whispers
into its genital ears?
It never stops procreating
and takes no notice of Saint Francis,
doesn't listen to nonsense:
the rabbit keeps on humping
with its inexhaustible mechanism.
I'd like to speak with the rabbit,
I love its sexy customs.

The spiders have always been slandered
in the idiotic pages
of exasperating simplifiers
who take the fly's point of view,
who describe them as devouring,
carnal, unfaithful, lascivious.
For me, that reputation
discredits just those who concocted it:
the spider is an engineer,
a divine maker of watches,
for one fly more or less
let the imbeciles detest them,
I want to have a talk with the spider,
I want her to weave me a star.

The fleas interest me so much
that I let them bite me for hours,
they are perfect, ancient, Sanskritic,
they are inexorable machines.

No pican para comer,
sólo pican para saltar,
son las saltarinas del orbe,
las delicadas, las acróbatas
del circo más suave y profundo:
que galopen sobre mi piel,
que divulguen sus emociones,
que se entretengan con mi sangre,
pero que alguien me las presente,
quiero conocerlas de cerca,
quiero saber a qué atenerme.

Con los rumiantes no he podido
intimar en forma profunda:
sin embargo soy un rumiante,
no comprendo que no me entiendan.
Tengo que tratar este tema
pastando con vacas y bueyes,
planificando con los toros.
De alguna manera sabré
tantas cosas intestinales
que están escondidas adentro
como pasiones clandestinas.

Qué piensa el cerdo de la aurora?
No cantan pero la sostienen
con sus grandes cuerpos rosados,
con sus pequeñas patas duras.

Los cerdos sostienen la aurora.

Los pájaros se comen la noche.

Y en la mañana está desierto
el mundo: duermen las arañas,

They don't bite in order to eat,
they bite in order to jump,
they're the globe's champion highjumpers,
the smoothest and most profound
acrobats in the circus:
let them gallop across my skin,
let them reveal their emotions
and amuse themselves with my blood,
just let me be introduced to them,
I want to know them from up close,
I want to know what I can count on.

With the ruminants I haven't been able
to achieve an intimate friendship:
I myself am a ruminant, I can't see
why they don't understand me.
I'll have to study this theme
grazing with cows and oxen,
making plans with the bulls.
Somehow I will come to know
so many intestinal things
hidden inside my body
like the most clandestine passions.

What do pigs think of the dawn?
They don't sing but they carry it
with their large pink bodies,
with their little hard hoofs.

The pigs carry the dawn.

The birds eat up the night.

And in the morning the world
is deserted: the spiders sleep,

los hombres, los perros, el viento:
los cerdos gruñen, y amanece.

Quiero conversar con los cerdos.

Dulces, sonoras, roncas ranas,
siempre quise ser rana un día,
siempre amé la charca, las hojas
delgadas como filamentos,
el mundo verde de los berros
con las ranas dueñas del cielo.

La serenata de la rana
sube en mi sueño y lo estimula,
sube como una enredadera
a los balcones de mi infancia,
a los pezones de mi prima,
a los jazmines astronómicos
de la negra noche del Sur,
y ahora que ha pasado el tiempo
no me pregunten por el cielo:
pienso que no he aprendido aún
el ronco idioma de las ranas.

Si es así, cómo soy poeta?
Qué sé yo de la geografía
multiplicada de la noche?

En este mundo que corre y calla
quiero más comunicaciones,
otros lenguajes, otros signos,
quiero conocer este mundo.

Todos se han quedado contentos
con presentaciones siniestras

the humans, the dogs, the wind sleep,
the pigs grunt, and day breaks.

I want to have a talk with the pigs.

Sweet, loud, harsh-voiced frogs,
I have always wanted to be
a frog, I have loved the pools
and the leaves, thin as filaments,
the green world of the watercress
with the frogs, queens of the sky.

The serenade of the frog
rises in my dream and excites it,
rises like a climbing vine
to the balconies of my childhood,
to the budding nipples of my cousin,
to the astronomic jasmine
of the black night of the South,
and now so much time has passed,
don't ask me about the sky:
I feel that I haven't yet learned
the harsh-voiced idiom of the frogs.

If this is so, how am I a poet?
What do I know of the multiplied
geography of the night?

In this world that rushes and grows calm
I want more communications,
other languages, other signs,
to be intimate with this world.

Everyone has remained content
with the sinister presentations

de rápidos capitalistas
y sistemáticas mujeres.
Yo quiero hablar con muchas cosas
y no me iré de este planeta
sin saber qué vine a buscar,
sin averiguar este asunto,
y no me bastan las personas,
yo tengo que ir mucho más lejos
y tengo que ir mucho más cerca.

Por eso, señores, me voy
a conversar con un caballo,
que me excuse la poetisa
y que el profesor me perdone,
tengo la semana ocupada,
tengo que oír a borbotones.

Cómo se llamaba aquel gato?

of rapid capitalists
and systematic women.
I want to speak with many things
and I won't leave this planet
without knowing what I came to find,
without resolving this matter,
and people are not enough,
I have to go much farther
and I have to get much closer.

And so, gentlemen, I'm going
to have a talk with a horse,
let the poetess excuse me
and let the professor pardon me,
all week I'll be busy,
I have to constantly listen.

What was the name of that cat?

from Navigations
and Returns

Oda al gato

Los animales fueron
imperfectos,
largos de cola, tristes
de cabeza.
Poco a poco se fueron
componiendo,
haciéndose paisaje,
adquiriendo lunares, gracia, vuelo.
El gato,
sólo el gato
apareció completo
y orgulloso:
nació completamente terminado,
camina solo y sabe lo que quiere.

El hombre quiere ser pescado y pájaro,
la serpiente quisiera tener alas,
el perro es un león desorientado,
el ingeniero quiere ser poeta,
la mosca estudia para golondrina,
el poeta trata de imitar la mosca,
pero el gato
quiere ser sólo gato
y todo gato es gato
desde bigote a cola,
desde presentimiento a rata viva,
desde la noche hasta sus ojos de oro.

No hay unidad
como él,
no tiene
la luna ni la flor

Ode to the Cat

The animals were
imperfect,
their tails were too long, their heads
too sad.
Little by little they began
to correct themselves,
they made themselves a landscape,
they acquired polka dots, grace, flight.
The cat,
only the cat
appeared complete
and proud:
was born completely finished,
walked alone and knew what he wanted.

Man wants to be a fish or a bird,
the snake wants to have wings,
the dog is a baffled lion,
the engineer wants to be a poet,
the fly studies to become a swallow,
the poet tries to imitate the fly,
but the cat
wants to be only a cat
and every cat is a cat
from his whiskers to his tail,
from his premonition to the live rat,
from the night to his golden eyes.

There is no wholeness
like his,
neither the moon
nor the flower

tal contextura:
es una sola cosa
como el sol o el topacio,
y la elástica línea en su contorno
firme y sutil es como
la línea de la proa de una nave.
Sus ojos amarillos
dejaron una sola
ranura
para echar las monedas de la noche.

Oh pequeño
emperador sin orbe,
conquistador sin patria,
mínimo tigre de salón, nupcial
sultán del cielo
de las tejas eróticas,
el viento del amor
en la intemperie
reclamas
cuando pasas
y posas
cuatro pies delicados
en el suelo,
oliendo,
desconfiando
de todo lo terrestre,
porque todo
es inmundo
para el inmaculado pie del gato.

Oh fiera independiente
de la casa, arrogante
vestigio de la noche,

is put together as he is:
he is one single thing
like the sun or the topaz,
and the flexible edge of his outline
is firm and subtle like
the line of a ship's prow.
His yellow eyes
leave a single
slot
to spill out the coins of the night.

O little
emperor without an orb,
conquistador without a country,
tiny living-room tiger, nuptial
sultan of the sky
of erotic rooftops,
you reclaim
the wind of love
in the open air
when you walk by
and put
four delicate feet
on the ground,
sniffing,
mistrustful of
everything on earth,
because everything
is unclean
for the cat's immaculate foot.

O fierce independent
of the house, proud
remnant of the night,

perezoso, gimnástico
y ajeno,
profundísimo gato,
policía secreta
de las habitaciones,
insignia
de un
desaparecido terciopelo,
seguramente no hay
enigma
en tu manera,
tal vez no eres misterio,
todo el mundo te sabe y perteneces
al habitante menos misterioso,
tal vez todos lo creen,
todos se creen dueños,
propietarios, tíos
de gatos, compañeros,
colegas,
discípulos o amigos
de su gato.

Yo no.
Yo no suscribo.
Yo no conozco al gato.
Todo lo sé, la vida y su archipiélago,
el mar y la ciudad incalculable,
la botánica,
el gineceo con sus extravíos,
el por y el menos de la matemática,
los embudos volcánicos del mundo,
la cáscara irreal del cocodrilo,
la bondad ignorada del bombero,

lazy, gymnastic
and detached,
O master of profundity,
secret police
of the neighborhoods,
emblem
of a
disappeared velvet,
surely there is no
enigma
in your behavior,
perhaps you aren't a mystery,
everyone knows you, you belong
to the least mysterious neighbor,
perhaps everyone believes it,
believes he is the master,
the proprietor, the uncle,
the companion,
the colleague,
the disciple or friend
of his cat.

Not me.
I don't buy it.
I don't know who the cat is.
Everything else I know, life
and its archipelago,
the sea and the incalculable city,
botany,
the pistil with its deviations,
the plus and the minus of mathematics,
the volcanic funnels of the world,
the unreal husk of the crocodile,
the hidden kindness of the fireman,

el atavismo azul del sacerdote,
pero no puedo descifrar un gato.
Mi razón resbaló en su indiferencia,
sus ojos tienen números de oro.

the blue atavism of the priest,
but I can't decipher a cat.
My mind slides in his indifference,
in the golden numbers of his eyes.

Oda a la sandía

El árbol del verano
intenso,
invulnerable,
es todo cielo azul,
sol amarillo,
cansancio a goterones,
es una espada
sobre los caminos,
un zapato quemado
en las ciudades:
la claridad, el mundo
nos agobian,
nos pegan
en los ojos
con polvareda,
con súbitos golpes de oro,
nos acosan
los pies
con espinitas,
con piedras calurosas,
y la boca
sufre
más que todos los dedos:
tienen sed
la garganta,
la dentadura,
los labios y la lengua:
queremos
beber las cataratas,
la noche azul,
el polo,
y entonces

Ode to the Watermelon

The tree of intense
summer,
invulnerable,
is all blue sky,
yellow sun,
tiredness in drops,
is a sword
above the roads,
a scorched shoe
in the cities:
the brightness, the world
weigh us down,
hit us
in the eyes
with clouds of dust,
with sudden fists of gold,
they harass
the feet
with little thorns,
with hot stones,
and the mouth
suffers
more than all the toes:
the throat
gets thirsty,
the teeth,
the lips and the tongue:
we want
to drink rivers,
the blue night,
the South Pole,
and then

cruza el cielo
el más fresco de todos
los planetas,
la redonda, suprema
y celestial sandía.

Es la fruta del árbol de la sed.
Es la ballena verde del verano.

El universo seco
de pronto
tachonado
por este firmamento de frescura
deja caer
la fruta
rebosante:
se abren sus hemisferios
mostrando una bandera
verde, blanca, escarlata,
que se disuelve
en cascada, en azúcar,
en delicia!

Cofre del agua, plácida
reina
de la frutería,
bodega
de la profundidad, luna
terrestre!
Oh pura,
en tu abundancia
se deshacen rubíes
y uno
quisiera

the coolest
of all the planets
crosses the sky,
the round, supreme
and celestial watermelon.

It is the fruit of the tree of thirst.
It is the green whale of summer.

The dry universe,
suddenly
spangled
by this firmament of coolness,
lets fall
the overflowing
fruit:
its hemispheres open
showing a flag
green, white, scarlet,
that dissolves
into a waterfall, into sugar,
into delight!

Casket of water, placid
queen
of the fruit shop,
storehouse
of profundity, earthly
moon!
O pure
abundance, in you
rubies dissolve
and we
want

morderte
hundiendo
en ti
la cara,
el pelo,
el alma!
Te divisamos
en la sed
como
mina o montaña
de espléndido alimento,
pero
te conviertes
entre la dentadura y el deseo
en sólo
fresca luz
que se deslíe
en manantial
que nos tocó
cantando.
Y así
no pesas,
en la siesta
abrasadora,
no pesas,
sólo
pasas
y tu gran corazón de brasa fría
se convirtió en el agua
de una gota.

to bite you,
sinking
into you
our face,
our hair,
our soul!
We glimpse you
in our thirst
like
a mine or a mountain
of exquisite food,
but
you change
between teeth and desire
into nothing but
cool light
that loosens
into a stream
that touched us
singing.
And thus
you don't weigh us down
in the burning
siesta hour,
you don't weigh us down,
you just
go by
and your great heart like a cold ember
changed into the water
of a single drop.

from One Hundred
Love Sonnets

XII

Plena mujer, manzana carnal, luna caliente,
espeso aroma de algas, lodo y luz machacados,
qué oscura claridad se abre entre tus columnas?
Qué antigua noche el hombre toca con sus sentidos?

Ay, amar es un viaje con agua y con estrellas,
con aire ahogado y bruscas tempestades de harina:
amar es un combate de relámpagos
y dos cuerpos por una sola miel derrotados.

Beso a beso recorro tu pequeño infinito,
tus márgenes, tus ríos, tus pueblos diminutos,
y el fuego genital transformado en delicia

corre por los delgados caminos de la sangre
hasta precipitarse como un clavel nocturno,
hasta ser y no ser sino un rayo en la sombra.

XII

Full woman, fleshly apple, hot moon,
thick smell of seaweed, crushed mud and light,
what obscure brilliance opens between your columns?
What ancient night does a man touch with his senses?

Loving is a journey with water and with stars,
with smothered air and abrupt storms of flour:
loving is a clash of lightning-bolts
and two bodies defeated by a single drop of honey.

Kiss by kiss I move across your small infinity,
your borders, your rivers, your tiny villages,
and the genital fire transformed into delight

runs through the narrow pathways of the blood
until it plunges down, like a dark carnation,
until it is and is no more than a flash in the night.

XVII

No te amo como si fueras rosa de sal, topacio
o flecha de claveles que propagan el fuego:
te amo como se aman ciertas cosas oscuras,
secretamente, entre la sombra y el alma.

Te amo como la planta que no florece y lleva
dentro de sí, escondida, la luz de aquellas flores,
y gracias a tu amor vive oscuro en mi cuerpo
el apretado aroma que ascendió de la tierra.

Te amo sin saber cómo, ni cuándo, ni de dónde,
te amo directamente sin problemas ni orgullo:
así te amo porque no sé amar de otra manera,

sino así de este modo en que no soy ni eres,
tan cerca que tu mano sobre mi pecho es mía,
tan cerca que se cierran tus ojos con mi sueño.

XVII

I don't love you as if you were the salt-rose, topaz
or arrow of carnations that propagate fire:
I love you as certain dark things are loved,
secretly, between the shadow and the soul.

I love you as the plant that doesn't bloom and carries
hidden within itself the light of those flowers,
and thanks to your love, darkly in my body
lives the dense fragrance that rises from the earth.

I love you without knowing how, or when, or from
      where,
I love you simply, without problems or pride:
I love you in this way because I don't know any other
      way of loving

but this, in which there is no I or you,
so intimate that your hand upon my chest is my hand,
so intimate that when I fall asleep it is your eyes that
      close.

La palabra

Nació
la palabra en la sangre,
creció en el cuerpo oscuro, palpitando,
y voló con los labios y la boca.

Más lejos y más cerca
aún, aún venía
de padres muertos y de errantes razas,
de territorios que se hicieron piedra,
que se cansaron de sus pobres tribus,
porque cuando el dolor salió al camino
los pueblos anduvieron y llegaron
y nueva tierra y agua reunieron
para sembrar de nuevo su palabra.
Y así la herencia es ésta:
éste es el aire que nos comunica
con el hombre enterrado y con la aurora
de nuevos seres que aún no amanecieron.

Aún la atmósfera tiembla
con la primera palabra
elaborada
con pánico y gemido.
Salió
de las tinieblas
y hasta ahora no hay trueno
que truene aún con su ferretería
como aquella palabra,
la primera
palabra pronunciada:
tal vez sólo un susurro fue, una gota,
y cae y cae aún su catarata.

The Word

The word was born
in the blood,
it grew in the dark body, pulsing,
and took flight with the lips and mouth.

Farther away and nearer,
still, still it came
from dead fathers and from wandering races,
from territories that had become stone,
that had tired of their poor tribes,
because when grief set out on the road
the people went and arrived
and united new land and water
to sow their word once again.
And that's why the inheritance is this:
this is the air that connects us
with the buried man and with the dawn
of new beings that haven't yet arisen.

Still the atmosphere trembles
with the first word
produced
with panic and groaning.
It emerged
from the darkness
and even now there is no thunder
that thunders with the iron sound
of that word,
the first
word uttered:
perhaps it was just a whisper, a raindrop,
but its cascade still falls and falls.

Luego el sentido llena la palabra.
Quedó preñada y se llenó de vidas,
todo fue nacimientos y sonidos:
la afirmación, la claridad, la fuerza,
la negación, la destrucción, la muerte:
el verbo asumió todos los poderes
y se fundió existencia con esencia
en la electricidad de su hermosura.

Palabra humana, sílaba, cadera
de larga luz y dura platería,
hereditaria copa que recibe
las comunicaciones de la sangre:
he aquí que el silencio fue integrado
por el total de la palabra humana
y no hablar es morir entre los seres:
se hace lenguaje hasta la cabellera,
habla la boca sin mover los labios:
los ojos de repente son palabras.

Yo tomo la palabra y la recorro
como si fuera sólo forma humana,
me embelesan sus líneas y navego
en cada resonancia del idioma:
pronuncio y soy y sin hablar me acerca
al fin de las palabras al silencio.

Bebo por la palabra levantando
una palabra o copa cristalina,
en ella bebo
el vino del idioma
o el agua interminable,

Later on, meaning fills the word.
It stayed pregnant and was filled with lives,
everything was births and sounds:
affirmation, clarity, strength,
negation, destruction, death:
the name took on all the powers
and combined existence with essence
in its electric beauty.

Human word, syllable, flank
of long light and hard silver,
hereditary goblet that receives
the communications of the blood:
it is here that silence was formed by
the whole of the human word
and not to speak is to die among beings:
language extends out to the hair,
the mouth speaks without moving the lips:
suddenly the eyes are words.

I take the word and move
through it, as if it were
only a human form,
its lines delight me and I sail
in each resonance of language:
I utter and I am
and across the boundary of words,
without speaking, I approach silence.

I drink to the word, raising
a word or crystalline cup,
in it I drink
the wine of language
or unfathomable water,

manantial maternal de las palabras,
y copa y agua y vino
originan mi canto
porque el verbo es origen
y vierte vida: es sangre,
es la sangre que expresa su substancia
y está dispuesto así su desarrollo:
dan cristal al cristal, sangre a la sangre,
y dan vida a la vida las palabras.

maternal source of all words,
and cup and water and wine
give rise to my song
because the name is origin
and green life: it is blood,
the blood that expresses its substance,
and thus its unrolling is prepared:
words give crystal to the crystal,
blood to the blood,
and give life to life.

Océano

Cuerpo más puro que una ola,
sal que lava la línea,
y el ave lúcida
volando sin raíces.

Ocean

Body purer than a wave,
salt that washes the line,
and the luminous bird
flying without roots.

Agua

Todo en la tierra se encrespó, la zarza
clavó y el hilo verde
mordía, el pétalo cayó cayendo
hasta que única flor fue la caída.
El agua es diferente,
no tiene dirección sino hermosura,
corre por cada sueño de color,
toma lecciones claras
de la piedra
y en esos menesteres elabora
los deberes intactos de la espuma.

Water

Everything on earth bristled, the bramble
pricked and the green thread
bit, the petal fell
until the only flower was the falling.
Water is different,
has no direction but beauty,
runs through all dreams of color,
takes bright lessons
from the rock
and in those occupations works out
the unbroken duties of the foam.

El mar

Un solo ser, pero no hay sangre.
Una sola caricia, muerte o rosa.
Viene el mar y reúne nuestras vidas
y solo ataca y se reparte y canta
en noche y día y hombre y criatura.
La esencia: fuego y frío: movimiento.

The Sea

A single being, but there is no blood.
A single caress, death or a rose.
The sea comes and reunites our lives
and alone attacks and is split apart and sings
in night and day and man and animal.
Its essence: fire and cold: movement.

Nace

Yo aquí vine a los límites
en donde no hay que decir nada,
todo se aprende con tiempo y océano,
y volvía la luna,
sus líneas plateadas
y cada vez se rompía la sombra
con un golpe de ola
y cada día en el balcón del mar
abre las alas, nace el fuego
y todo sigue azul como mañana.

It Is Born

Here, I came to the boundaries
where nothing needs to be said,
everything is learned with weather and ocean,
and the moon returned
with its lines silvered
and each time the shadow was broken
by the crash of a wave
and each day on the balcony of the sea
wings open, fire is born
and everything continues blue as the morning.

El desnudo

Esta raya es el Sur que corre,
este círculo es el Oeste,
las madejas las hizo el viento
con sus capítulos más claros
y es recto el mediodía como
un mástil que sostiene el cielo
mientras vuelan las líneas puras
de silencio en silencio hasta ser
las aves delgadas del aire,
las direcciones de la dicha.

Standing Naked

This ray is the running South,
this circle is the West,
the tangles that the wind made
with its brightest chapters
and noon is upright like
a pole that supports the sky
while the pure lines
fly from silence to silence, until
they are the slim birds of the air,
the directions of joy.

Pájaro

Caía de un pájaro a otro
todo lo que el día trae,
iba de flauta en flauta el día,
iba vestido de verdura
con vuelos que abrían un túnel,
y por allí pasaba el viento
por donde las aves abrían
el aire compacto y azul:
por allí entraba la noche.

Cuando volví de tantos viajes
me quedé suspendido y verde
entre el sol y la geografía:
vi cómo trabajan las alas,
cómo se transmite el perfume
por un telégrafo emplumado
y desde arriba vi el camino,
los manantiales, las tejas,
los pescadores a pescar,
los pantalones de la espuma,
todo desde mi cielo verde.
No tenía más alfabeto
que el viaje de las golondrinas,
el agua pura y pequeñita
del pequeño pájaro ardiendo
que baila saliendo del polen.

Bird

It fell from one bird to another,
everything the day brought,
the day went from flute to flute,
it went dressed in greenness,
with flights that opened a tunnel,
and inside was the wind
by which the birds opened
the air, dense and blue:
through it entered the night.

When I came home from so many journeys,
I stayed suspended and green
between the sun and geography:
I saw how wings worked,
how fragrance is transmitted
by a feathered telegraph,
and from above I saw the road,
the springs, the roof tiles,
the fishermen fishing,
the trousers of the foam,
everything from my green sky.
I had no more alphabet
than the journeying of the swallows,
the pure and tiny water
of the small, fiery bird
that dances rising from the pollen.

Serenata

Con la mano recojo este vacío,
imponderable noche, familias estrelladas,
un coro más callado que el silencio,
un sonido de luna, algo secreto, un triángulo,
un trapecio de tiza.
Es la noche oceánica, la soledad tercera,
una vacilación abriendo puertas, alas,
la población profunda que no tiene presencia
palpita desbordando los nombres del estuario.

Noche, nombre del mar, patria, racimo, rosa!

Serenade

With my hand I gather this emptiness,
imponderable night, starry families,
a chorus quieter than silence,
a sound of the moon, some secret, a triangle,
a chalk trapezoid.
It is the oceanic night, the third solitude,
a quivering that opens doors, wings,
the profound population that isn't here
throbs overflowing the names of the estuary.

Night, name of the sea, fatherland, root, rose!

Para lavar a un niño

Sólo el amor más viejo de la tierra
lava y peina la estatua de los niños,
endereza las piernas, las rodillas,
sube el agua, resbalan los jabones,
y el cuerpo puro sale a respirar
el aire de la flor y de la madre.

Oh vigilancia clara!
Oh dulce alevosía!
Oh tierna guerra!

Ya el pelo era un tortuoso
pelaje entrecruzado por carbones,
por aserrín y aceite,
por hollines, alambres y cangrejos,
hasta que la paciencia
del amor
estableció los cubos, las esponjas,
los peines, las toallas,
y de fregar y de peinar y de ámbar,
de antigua parsimonia y de jazmines
quedó más nuevo el niño todavía
y corrió de las manos de la madre
a montarse de nuevo en su ciclón,
a buscar lodo, aceite, orines, tinta,
a herirse y revolcarse entre las piedras.
Y así recién lavado salta el niño a vivir
porque más tarde sólo tendrá tiempo
para andar limpio, pero ya sin vida.

To Wash a Child

Only the oldest love on earth
washes and combs the statue of the children,
straightens the legs, the knees,
the water rises, the soap slides,
and the pure body emerges to breathe
the air of the flower and of the mother.

O bright vigilance!
O sweet treachery!
O tender war!

Later, the hair was a tangled
pelt crisscrossed by cinders,
by sawdust and oil,
by soot, wires, and crabs,
until the patience
of love
set up buckets, sponges,
combs, towels,
and from scrubbing and from combing and from amber,
from ancient scrupulousness and from jasmine
the child was left newer than ever
and ran from the mother's hands
to climb up again on its cyclone,
to look for mud, oil, urine, ink,
to hurt itself and to roll around among the stones.
And in this way, just washed, the child leaps into life
because later it will only have time
for keeping clean, but lifelessly by then.

Oda para planchar

La poesía es blanca:
sale del agua envuelta en gotas,
se arruga y se amontona,
hay que extender la piel de este planeta,
hay que planchar el mar de su blancura
y van y van las manos,
se alisan las sagradas superficies
y así se hacen las cosas:
las manos hacen cada día el mundo,
se une el fuego al acero,
llegan el lino, el lienzo y el tocuyo
del combate de las lavanderías
y nace de la luz una paloma:
la castidad regresa de la espuma.

Ode to Ironing

Poetry is white:
it comes from the water covered with drops,
it wrinkles and piles up,
the skin of this planet must be stretched,
the sea of its whiteness must be ironed,
and the hands move and move,
the holy surfaces are smoothed out,
and that is how things are made:
hands make the world each day,
fire becomes one with steel,
linen, canvas, and cotton arrive
from the combat of the laundries,
and out of light a dove is born:
chastity returns from the foam.

Los nacimientos

Nunca recordaremos haber muerto.

Tanta paciencia
para ser tuvimos
anotando
los números, los días,
los años y los meses,
los cabellos, las bocas que besamos,
y aquel minuto de morir
lo dejaremos sin anotación:
se lo damos a otros de recuerdo
o simplemente al agua,
al agua, al aire, al tiempo.
Ni de nacer tampoco
guardamos la memoria,
aunque importante y fresco fue ir naciendo:
y ahora no recuerdas un detalle,
no has guardado ni un ramo
de la primera luz.

Se sabe que nacemos.

Se sabe que en la sala
o en el bosque
o en el tugurio del barrio pesquero
o en los cañaverales crepitantes
hay un silencio enteramente extraño,
un minuto solemne de madera
y una mujer se dispone a parir.

Se sabe que nacimos.

Births

We will never remember dying.

We were so patient
about being,
noting down
the numbers, the days,
the years and the months,
the hair, the mouths we kissed,
but that moment of dying:
we surrender it without a note,
we give it to others as remembrance
or we give it simply to water,
to water, to air, to time.
Nor do we keep
the memory of our birth,
though being born was important and fresh:
and now you don't even remember one detail,
you haven't kept even a branch
of the first light.

It's well known that we are born.

It's well known that in the room
or in the woods
or in the hut in the fishermen's district
or in the crackling canefields
there is a very unusual silence,
a moment solemn as wood,
and a woman gets ready to give birth.

It's well known that we were born.

Pero de la profunda sacudida
de no ser a existir, a tener manos,
a ver, a tener ojos,
a comer y llorar y derramarse
y amar y amar y sufrir y sufrir,
de aquella transición o escalofrío
del contenido eléctrico que asume
un cuerpo más como una copa viva,
y de aquella mujer deshabitada,
la madre que allí queda con su sangre
y su desgarradora plenitud
y su fin y comienzo, y el desorden
que turba el pulso, el suelo, las frazadas,
hasta que todo se recoge y suma
un nudo más el hilo de la vida,
nada, no quedó nada en tu memoria
del mar bravío que elevó una ola
y derribó del árbol una manzana oscura.

No tienes más recuerdo que tu vida.

But of the profound jolt
from not being to existing, to having hands,
to seeing, to having eyes,
to eating and crying and overflowing
and loving and loving and suffering and suffering,
of that transition or shudder
of the electric essence that takes on
one more body like a living cup,
and of that disinhabited woman,
the mother who is left there with her blood
and her torn fullness
and her end and beginning, and the disorder
that troubles the pulse, the floor, the blankets,
until everything gathers and adds
one more knot to the thread of life:
nothing, there is nothing left in your memory
of the fierce sea that lifted a wave
and knocked down a dark apple from the tree.

The only thing you remember is your life.

La primavera

El pájaro ha venido
a dar la luz:
de cada trino suyo
nace el agua.

Y entre agua y luz que el aire desarrollan
ya está la primavera inaugurada,
ya sabe la semilla que ha crecido,
la raíz se retrata en la corola,
se abren por fin los párpados del polen.

Todo lo hizo un pájaro sencillo
desde una rama verde.

Spring

The bird has come
to give the light:
from each trill of his
water is born.

And between water and light that unroll the air
now the spring is inaugurated,
now the seed knows that it has grown,
the root is portrayed in the corolla,
at last the eyelids of the pollen unclose.

All this was done by a simple bird
from a green branch.

A don Asterio Alarcón, cronometrista de Valparaíso

Olor a puerto loco
tiene Valparaíso,
olor a sombra, a estrella,
a escama de la luna
y a cola de pescado.
El corazón recibe escalofríos
en las desgarradoras escaleras
de los hirsutos cerros:
allí grave miseria y negros ojos
bailan en la neblina
y cuelgan las banderas
del reino en las ventanas:
las sábanas zurcidas,
las viejas camisetas,
los largos calzoncillos,
y el sol del mar saluda los emblemas
mientras la ropa blanca balancea
un pobre adiós a la marinería.

Calles del mar, del viento,
del día duro envuelto en aire y ola,
callejones que cantan hacia arriba
en espiral como las caracolas:
la tarde comercial es transparente,
el sol visita las mercaderías,
para vender sonríe el almacén
abriendo escaparate y dentadura,
zapatos y termómetros, botellas
que encierran noche verde,
trajes inalcanzables, ropa de oro,
funestos calcetines, suaves quesos,

To Don Asterio Alarcón,
Chronometrist of Valparaíso

Valparaíso has
the smell of a crazy port,
it smells of shade, stars,
flakes of the moon
and fishtails.
The heart shudders
on the shattering stairways
of the hairy slopes:
there, solemn poverty and black eyes
dance in the mist
and hang out the banners
of the kingdom in the windows:
the patched sheets,
the old shirts,
the long underwear,
and the ocean sun salutes the flags
while the white clothing swings
a frayed good-bye to the sailors.

Streets of the sea, of the wind,
of the hard day wrapped in air and waves,
alleys that sing upward
spiraling like shells:
the business afternoon is transparent,
the sun examines the merchandise,
to attract customers the shops smile
opening windows and teeth,
shoes and thermometers, bottles
that enclose a green night,
unattainable suits, gold clothes,
disastrous socks, smooth cheeses,

y entonces llego al tema
de esta oda.

Hay un escaparate
con su vidrio
y adentro,
entre cronómetros,
don Asterio Alarcón, cronometrista.
La calle hierve y sigue,
arde y golpea,
pero detrás del vidrio
el relojero,
el viejo ordenador de los relojes,
está inmovilizado
con un ojo hacia afuera,
un ojo extravagante
que adivina el enigma,
el cardíaco fin de los relojes
y escruta con un ojo
hasta que la impalpable mariposa
de la cronometría
se detiene en su frente
y se mueven las alas del reloj.

Don Asterio Alarcón es el antiguo
héroe de los minutos
y el barco va en la ola
medido por sus manos
que agregaron
responsabilidad al minutero,
pulcritud al latido:
Don Asterio en su acuario
vigiló los cronómetros del mar,
aceitó con paciencia

and now I arrive at the theme
of this ode.

There is one window
with its glass
and inside,
among chronometers,
is Don Asterio Alarcón, chronometrist.
The street swarms and moves on,
burns and knocks,
but behind the glass
the clockmaker,
the old regulator of clocks,
stands motionless
with one eye outward,
one prodigious eye
that sees into the mystery,
the clock's innermost heart,
and scrutinizes with one eye
until the impalpable butterfly
of chronometry
stops in his forehead
and the wings of the clock start beating.

Don Asterio Alarcón is the ancient
hero of the minutes
and the boat moves in the wave
measured by his hands
which gave responsibility
to the minute hand, fastidiousness
to the pulse:
Don Asterio in his aquarium
kept guard over
the sea's chronometers,
he patiently oiled

el corazón azul de la marina.
Durante cincuenta años,
o dieciocho mil días,
allí pasaba el río
de niños y varones y mujeres
hacia harapientos cerros o hacia el mar,
mientras el relojero,
entre relojes,
detenido en el tiempo,
se suavizó como la nave pura
contra la eternidad de la corriente,
serenó su madera,
y poco a poco el sabio
salió del artesano,
trabajando
con lupa y con aceite
limpió la envidia, descartó el temor,
cumplió su ocupación y su destino,
hasta que ahora el tiempo,
el transcurrir temible,
hizo pacto con él, con don Asterio,
y él espera su hora de reloj.

Por eso cuando paso
la trepidante calle,
el río negro de Valparaíso,
sólo escucho un sonido entre sonidos,
entre tantos relojes uno solo:
el fatigado, suave, susurrante
y antiguo movimiento
de un gran corazón puro:
el insigne y humilde
tic tac de don Asterio.

the blue heart of the seacoast.
For fifty years,
or eighteen thousand days,
the river
of children and men and women
passed there,
toward the ragged hills or toward the sea,
while the clockmaker,
among clocks,
stopped within time,
sailed smoothly as a pure ship
against the eternity of the current,
calmed his wood,
and gradually the sage
emerged from the artisan,
working
with loupe and with oil
he cleaned away envy, got rid of fear,
fulfilled his occupation and his destiny,
until the present, when time,
that terrifying current,
has made a pact with him, with Don Asterio,
and he awaits his hour on the clock.

So whenever I walk
on that throbbing street,
the black river of Valparaíso,
I listen for just one sound among sounds,
among so many clocks just one:
the tired, gentle, whispering
and ancient movement
of a great, pure heart:
the illustrious and humble
tick tock of Don Asterio.

Oda a Acario Cotapos

De algún total sonoro
llegó al mundo Cotapos,
llegó con su planeta,
con su trueno,
y se puso a pasear por las ciudades
desenrollando el árbol de la música,
abriendo las bodegas del sonido.

Silencio! Caerá la ciudadela
porque de su insurrecta artillería
cuando menos se piensa y no se sabe
vuela el silencio súbito del cisne
y es tal el resplandor
que a su medida
toda el agua despierta,
todo rumor se ha convertido en ola,
todo salió a sonar con el rocío.

Pero, cuidad, cuidemos
el orden de esta oda
porque no sólo el aire se decide
a acompañar el peso de su canto
y no sólo las aves victoriosas
levantaron su vuelo en el estuario,
sino que entró y salió de las bodegas,
asimiló motores,
de la electricidad sacó la aurora
y la vistió de pompa y poderío.
Y aún más, de la tiniebla primordial
el música regresa
con el lobo y el pasto pastoril,
con la sangre morada del centauro,

Ode to Acario Cotapos

From some sonorous whole
Cotapos arrived in the world,
arrived with his planet,
with his thunderclap,
and began to walk through the cities
unrolling the tree of music,
opening the storehouses of sound.

Silence! The citadel will fall
because from its insurgent artillery,
when it's least expected and unguessed,
the sudden silence of the swan
takes flight, and such is its brilliance
that along with it
all the water awakens,
every murmur becomes a wave,
everything comes out to resound with the foam.

But we must be very careful about
the order of this ode,
because not just the air decides
to accompany the weight of his song
and not just the victorious birds
fly with it in the estuary:
it went in and out of the storehouses,
it assimilated motors,
from electricity it took the dawn
and dressed it in pomp and power.
And still more, from the primordial darkness
the music returns
with the wolf and the pastoral pasture,
with the centaur's purple blood,

con el primer tambor de los combates
y la gravitación de las campanas.

Llega y sopla en su cuerno
y nos congrega,
nos cuenta,
nos inventa,
nos miente,
nos revela,
nos ata a un hilo sabio, a la sorpresa
de su certera lengua fabulosa,
nos equivoca y cuando
se va a apagar levanta
la mano y cae y sigue
la catarata insigne de su cuento.

Conocí de su boca
la historia natural de los enigmas,
el ave corolario,
el secreto teléfono
de los gatos, el viejo río
Mississippi con naves de madera,
el verdugo de Iván el Terrible,
la voz ancha de Boris Godunov,
las ceremonias de los ornitólogos
cuando lo condecoran en París,
el sagrado terror al hombre flaco,
el húmedo micrófono del perro,
la invocación nefasta
del señor Puga Borne,
el fox hunting en el condado
con chaquetilla roja y cup of tea,
el pavo que viajó a Leningrado
en brazos del benigno don Gregorio,

with the primal war drum
and the gravitation of bells.

He arrives and blows on his horn
and assembles us,
tells us,
invents us,
lies us,
reveals us,
binds us with wise thread, with the surprise
of his sure and fabulous tongue,
dupes us and when
it's about to stop he raises
his hand and it falls and there follows
the illustrious torrent of his tale.

I learned from his mouth
the natural history of enigmas,
the corollary bird,
the secret telephone
of cats, the old river
Mississippi with its wooden boats,
Ivan the Terrible's executioner,
the broad voice of Boris Godunov,
the ceremonies of the ornithologists
when they decorated him in Paris,
the sacred terror of thin men,
the dog's damp microphone,
the ominous invocation
of Señor Puga Borne,
the afternoons of fox hunting in the county
with red jacket and cup of tea,
the turkey that traveled to Leningrad
in the arms of the benign Don Gregorio,

el desfile de los bolivianitos,
Ramón con su profundo calamar
y, sobre todo, la fatal historia
que Federico amaba
del Jabalí Cornúpeto
cuando
resoplando y roncando
creció y creció la bestia fabulosa
hasta que su irascible corpulencia
sobrepasó los límites de Europa
e inflada como inmenso Zeppelín
viajó al Brasil, en donde
agrimensores, ingenieros,
con peligro evidente de sus vidas,
la descendieron junto al Amazonas.

Cotapos, en tu música
se recompuso la naturaleza,
las aguas naturales,
la impaciencia del trueno,
y vi y toqué la luz en tus preludios
como si fueran hijos
de un cometa escarlata,
y en esa conmoción de tus campanas,
en esas fugas de tormenta y faro
los elementos hallan su medida
fraguando los metales de la música.

Pero hallé en tu palabra
la invicta alevosía
del destructor de mitos y de platos,
la inesperada asociación que encuentra
en su camino el zorro hacia las uvas
cuando huele aire verde o pluma errante,

the parade of little Bolivians,
Ramón with his profound squid,
and, above all, the dreadful story
which Federico loved
of Jabalí Cornúpeto
when,
puffing and roaring,
the fabulous beast grew and grew
until its irascible corpulence
went beyond the borders of Europe
and, inflated like a huge zeppelin,
it traveled to Brazil, where
surveyors, engineers,
with obvious danger to their lives,
brought it down next to the Amazon.

Cotapos, in your music
nature recomposed itself,
the natural waters,
the impatience of thunder,
and I saw and touched light in your preludes
as if they were the children
of a scarlet comet,
and in that commotion of your bells,
in those fugues of storm and lighthouse,
the elements find their measure
forging the metals of song.

But I found in your word
the unvanquished treachery
of a destroyer of myths and plates,
the unforeseen connection which the fox meets
on his way to the grapes
when he smells green air or a wandering plum,

y no sólo
eso, sino
más:
la sinalefa eléctrica que muda
toda visión y cambian las palomas.

Tú, poeta sin libros,
juntaste en vida el canto irrespetuoso,
la palabra que salta de su cueva
donde yació sin sueño
y transformaste para mí el idioma
en un derrumbe de cristalerías.

Maestro, compañero,
me has enseñado tantas cosas claras
que donde estoy me das tu claridad.

Ahora,
escribo un libro de lo que yo soy
y en este soy, Acario, eres conmigo.

and not only
that, but
more:
the electric merging that is caused
by each vision and changed by doves.

You, poet without books,
brought together in life the disrespectful song,
the word that leapt from its cave
where it lay without a dream,
and transformed language for me
into a landslide of glassware.

Master, companion,
you have taught me so many clear things
that wherever I am, you give me your clarity.

Now,
I am writing a book about what I am
and in this "I am," Acario, you are with me.

La noche en Isla Negra

Antigua noche y sal desordenada
golpean las paredes de mi casa:
sola es la sombra, el cielo
es ahora un latido del océano,
y cielo y sombra estallan
con fragor de combate desmedido:
toda la noche luchan
y nadie sabe el nombre
de la cruel claridad que se irá abriendo
como una torpe fruta:
así nace en la costa,
de la furiosa sombra, el alba dura,
mordida por la sal en movimiento,
barrida por el peso de la noche,
ensangrentada en su cráter marino.

The Night in Isla Negra

Ancient night and disordered salt
pound the walls of my house:
the shadow is alone, the sky
is now a throb of the ocean,
and sky and shadow explode
with the crash of the boundless conflict:
all night long they struggle
and no one knows the name
of the cruel brightness that keeps opening
like a clumsy fruit:
this is how, on the coast, the harsh dawn
is born from the raging shadow,
gnawed at by the salt in motion,
swept by the weight of the night,
bloodstained in its oceanic crater.

A la tristeza

Tristeza, necesito
tu ala negra,
tanto sol, tanta miel en el topacio,
cada rayo sonríe
en la pradera
y todo es luz redonda en torno mío,
todo es abeja eléctrica en la altura.
Por eso
tu ala negra
dame,
hermana tristeza:
necesito que alguna vez se apague
el zafiro y que caiga
la oblicua enredadera de la lluvia,
el llanto de la tierra:
quiero
aquel madero roto en el estuario,
la vasta casa a oscuras
y mi madre
buscando
parafina
y llenando la lámpara
hasta no dar la luz sino un suspiro.

La noche no nacía.

El día resbalaba
hacia su cementerio provinciano,
y entre el pan y la sombra
me recuerdo
a mí mismo
en la ventana

To Sadness

Sadness, I need
your black wing,
so much sun, so much honey in the topaz,
each ray smiles
in the meadow
and everything is round light on all sides of me,
everything is an electric bee in the heights.
And so
give me
your black wing,
sister sadness:
I need the sapphire to be
extinguished sometimes and the oblique
mesh of the rain to fall,
the weeping of the earth:
I want
that shattered beam in the estuary,
the vast house in darkness,
and my mother
searching
for paraffin
and filling the lamp
until it gave not light but a sigh.

The night wasn't born.

The day was sliding
toward its provincial graveyard,
and between the bread and the shadow
I remember
myself
in the window

mirando lo que no era,
lo que no sucedía
y un ala negra de agua que llegaba
sobre aquel corazón que allí tal vez
olvidé para siempre, en la ventana.

Ahora echo de menos
la luz negra.

Dame tu lenta sangre,
lluvia
fría,
dame tu vuelo atónito!
A mi pecho
devuélvele la llave
de la puerta cerrada,
destruida.
Por un minuto, por
una corta vida,
quítame luz y déjame
sentirme
perdido y miserable,
temblando entre los hilos
del crepúsculo,
recibiendo en el alma
las manos
temblorosas
de
la
lluvia.

looking out at what didn't exist,
what wasn't happening,
and a black wing of water that came
over that heart which there perhaps
I forgot forever, in the window.

Now I miss
the black light.

Give me your slow blood,
cold
rain,
give me your astonished flight!
Give me back
the key
of the door that was shut,
destroyed.
For a moment, for
a short lifetime,
take the light from me and let me
feel myself
lost and miserable,
trembling among the threads
of twilight,
receiving into my soul
the trembling
hands
of
the
rain.

Acknowledgments

John Felstiner and Stephanie Lutgring helped me with the Spanish of three passages in the *Odes*. I have learned and borrowed from the translations of Robert Bly, W. S. Merwin, Margaret Sayers Peden, Alastair Reid, Jack Schmitt, Nathaniel Tarn, and James Wright. My thanks to all of them. I am, as always, grateful to Michael Katz, my agent, David Bullen, my designer, and Hugh Van Dusen, my editor. And to Vicki, who wanted me to hang out with Neruda for a while.